稻盛和夫：

人生指针 经营之心

[日]稻盛和夫——著

周征文——译

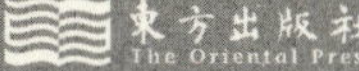

人民东方出版传媒有限公司
People's Oriental Publishing & Media Co. Ltd.
東方出版社
The Oriental Press

人生就是磨炼灵魂的『修行道场』

Life as a Training Ground or a "Dojo" for Refining One's Soul

人生的目的在于提高心性。遭遇各种考验，努力克服之，从而成为心地善良、体恤他人、心灵充实之人。让与生俱来的灵魂尽量变得更美、更高尚，便是人生的价值所在。必须将人生视为磨炼灵魂的修行道场，勤于钻研。

人生を心を磨く道場とする

人生就是磨炼灵魂的『修行道场』

人生就是磨炼灵魂的『修行道场』

间表
:HEDULE

结
IMMARY

人生就是磨炼灵魂的『修行道场』

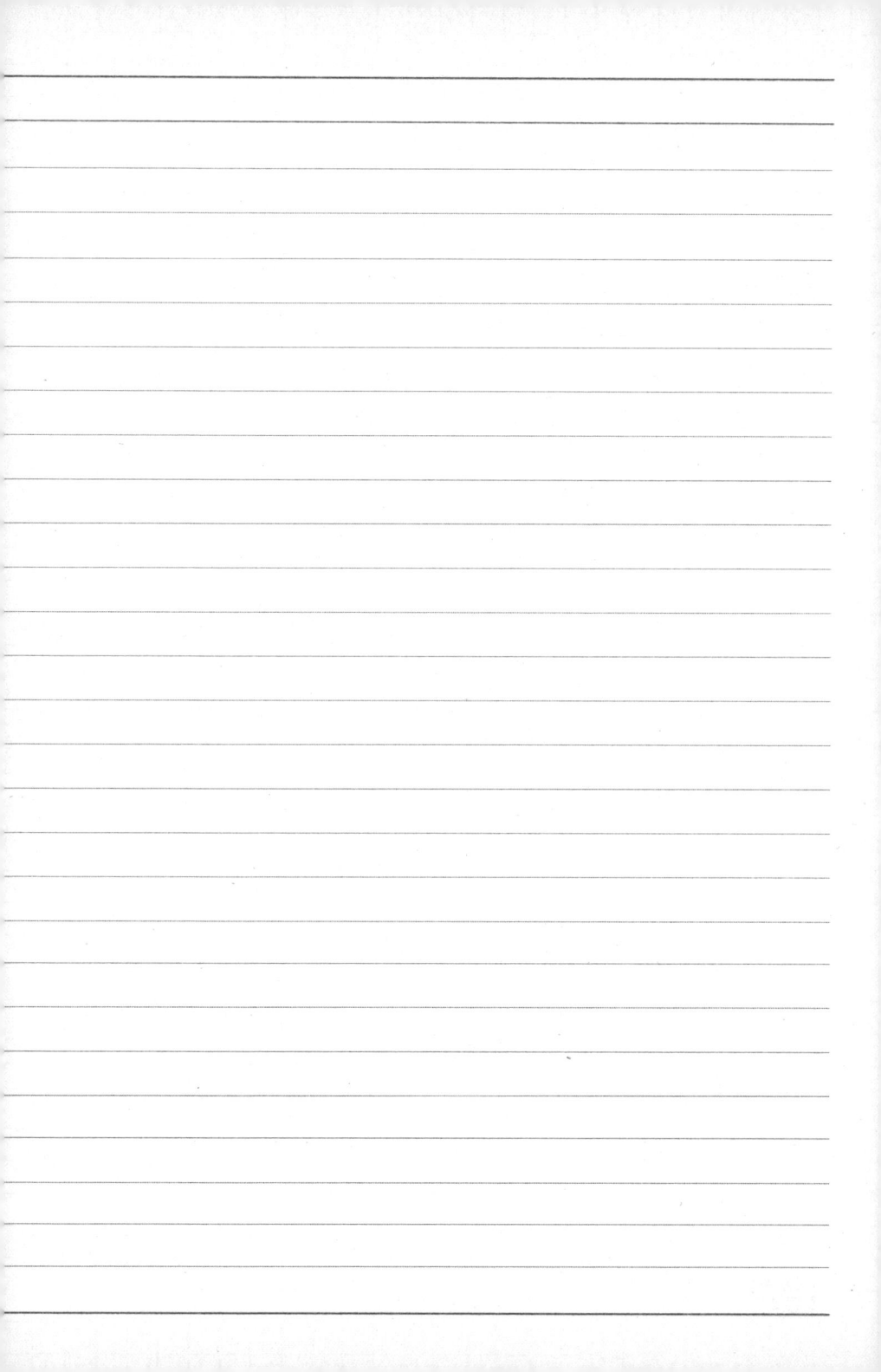

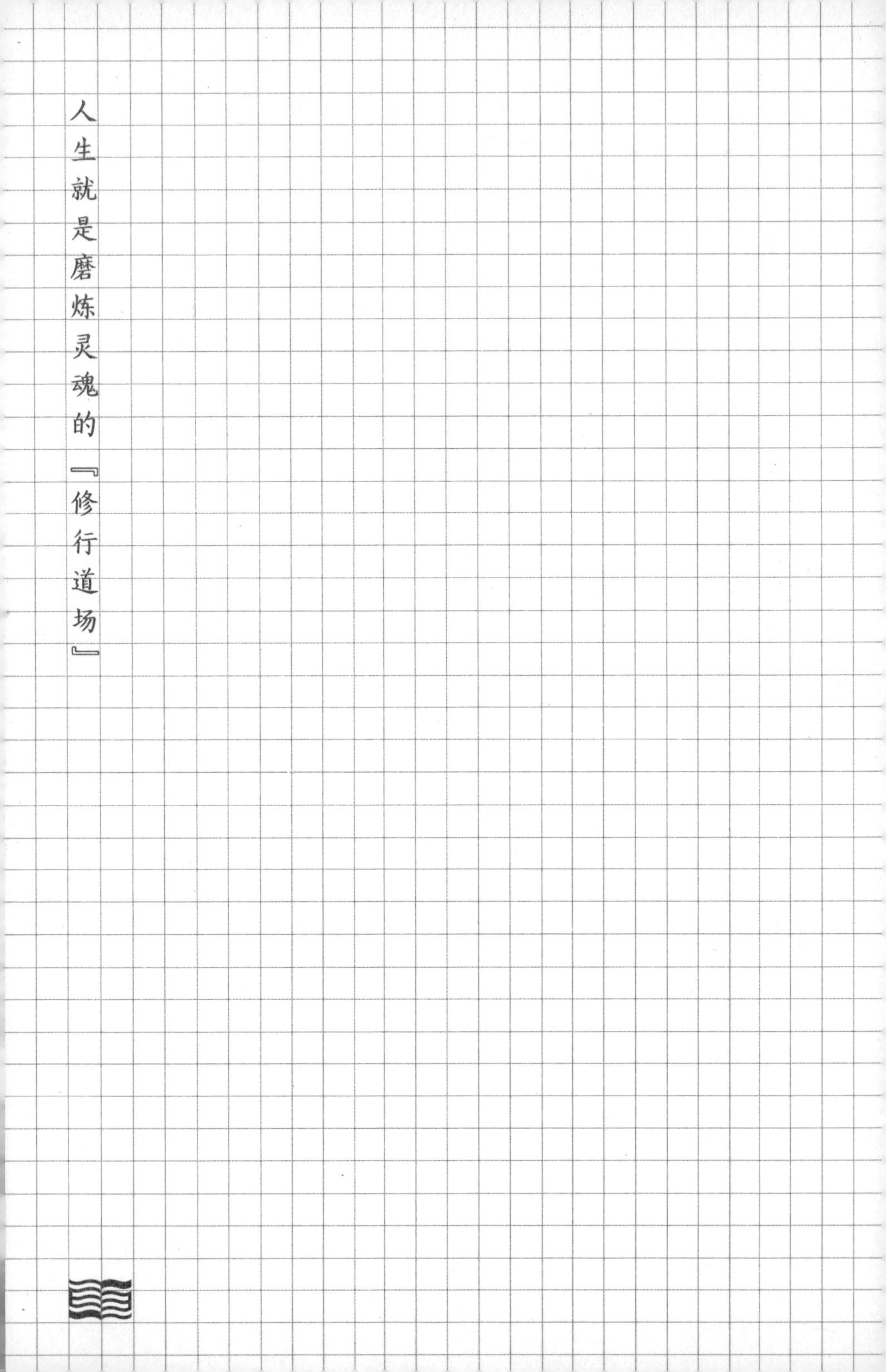
人生就是磨炼灵魂的『修行道场』

on Tue Wed Thu Fri Sat Sun

n Feb Mar Apr May Jun Jul Aug Sep Oct Nov Dec

02 03 04 05 06 07 08 09 10 11 12 13 14 15 16 17 18 19 20 21 22 23 24 25 26

28 29 30 31

热爱工作

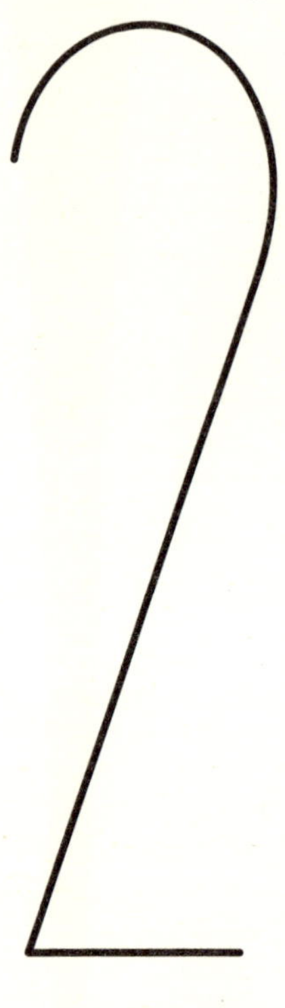

Love Your Work

对于自己喜爱的工作，人们总是乐此不疲。如果能这样不辞劳苦地持续努力，基本上都能收获成功。换言之，要热爱自己的工作，这可谓决定人生的关键所在。如能心怀甘愿与工作“同生共死”的热情，一心不乱地投入其中，则人人皆能抓住幸福。

热爱工作

仕事に惚れる

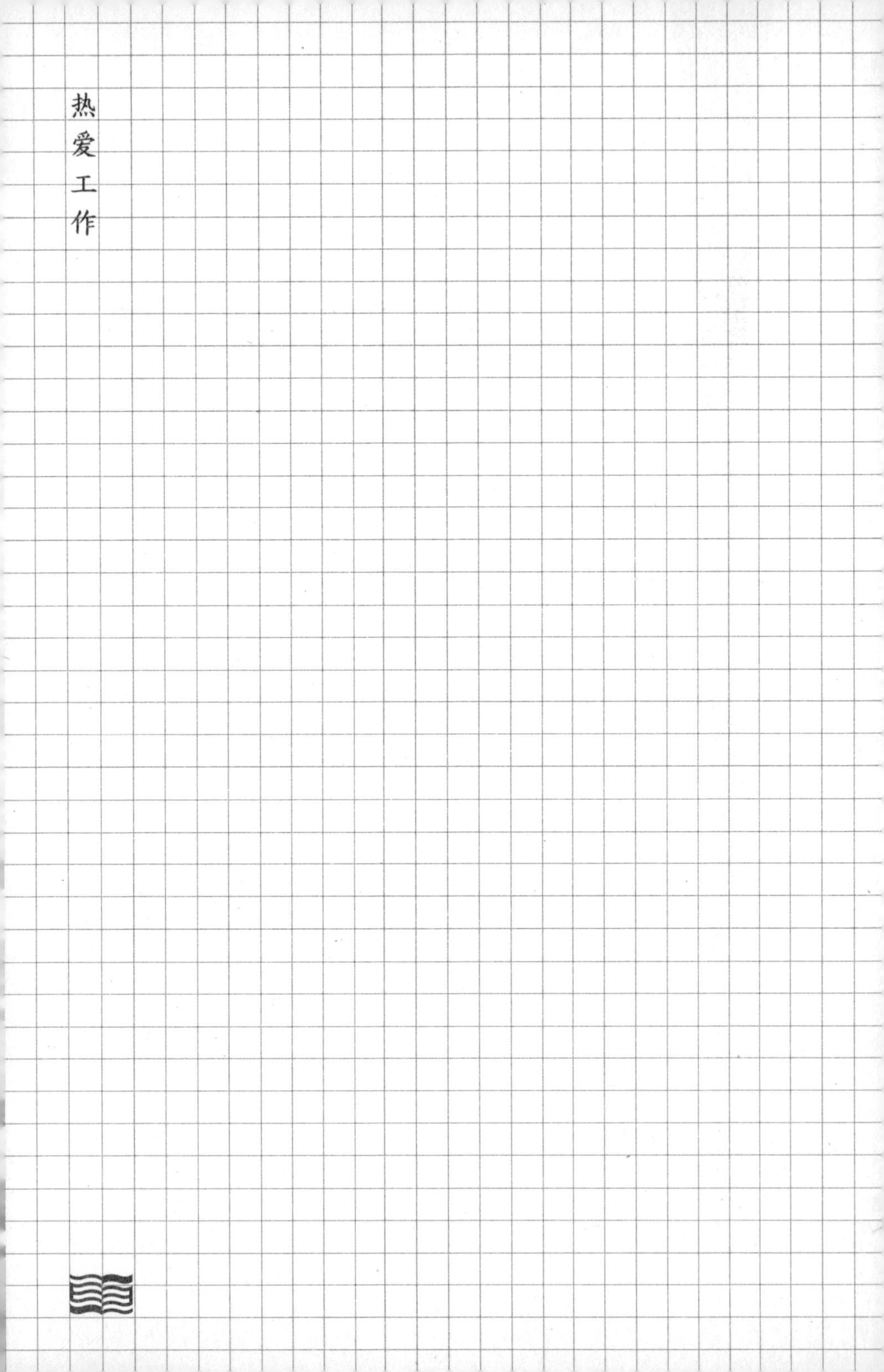
热爱工作

间表
HEDULE

吉
MMARY

热爱工作

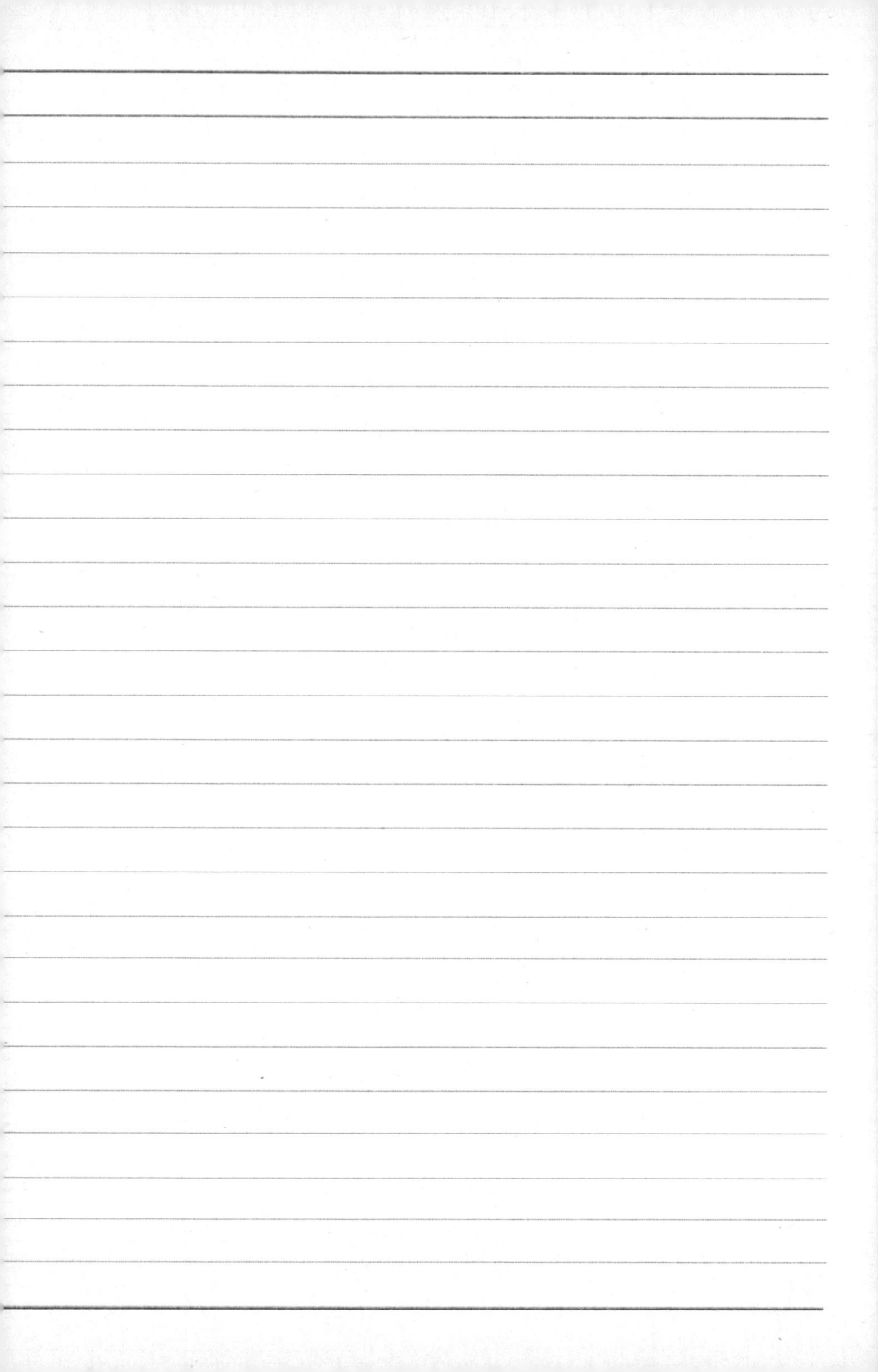

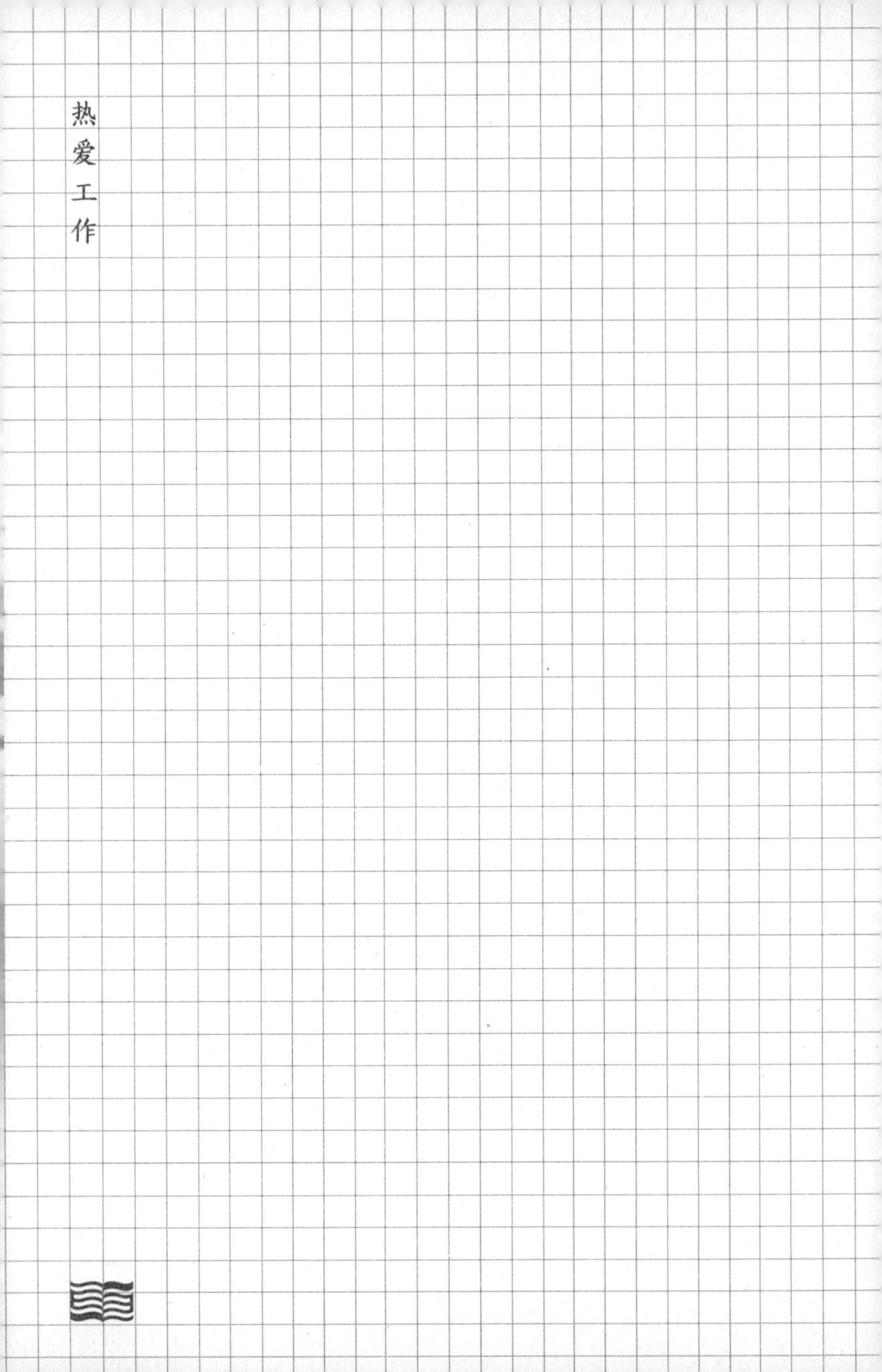

热爱工作

on Tue Wed Thu Fri Sat Sun

n Feb Mar Apr May Jun Jul Aug Sep Oct Nov Dec

02 03 04 05 06 07 08 09 10 11 12 13 14 15 16 17 18 19 20 21 22 23 24 25 26

28 29 30 31

一切始于强烈的愿望

Envisioning a Goal Is the First Step

要想成事，意愿先行，且应抱有志在必得的信念。若对困难稍有怯意，则不能成事。唯有心怀强烈意愿和图景，才能激发智慧，凝聚创意，反复努力，最终实现梦想。

一切始于强烈的愿望

まず思う、強く思う

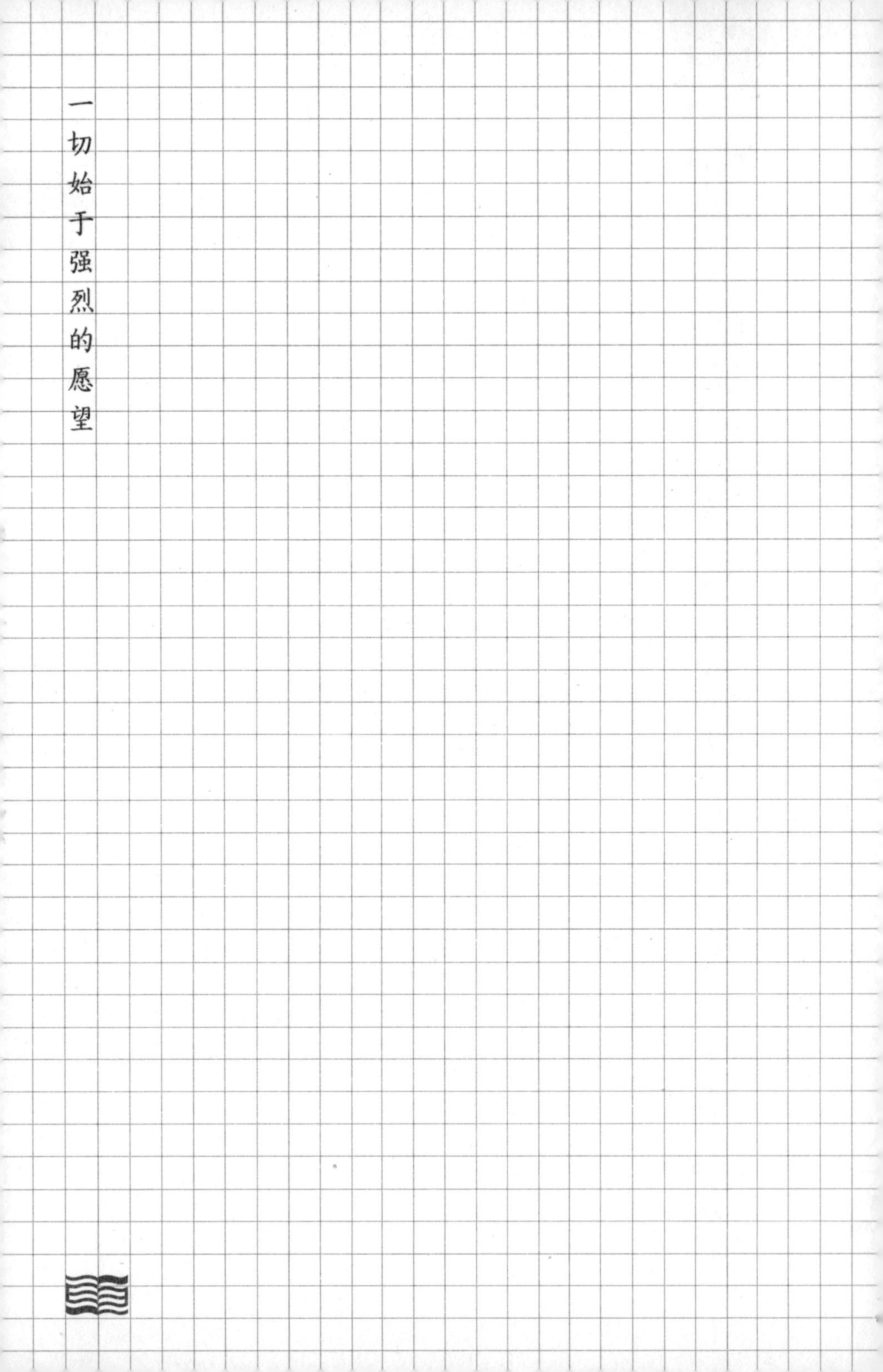
一切始于强烈的愿望

间表
HEDULE

结
MMARY

一切始于强烈的愿望

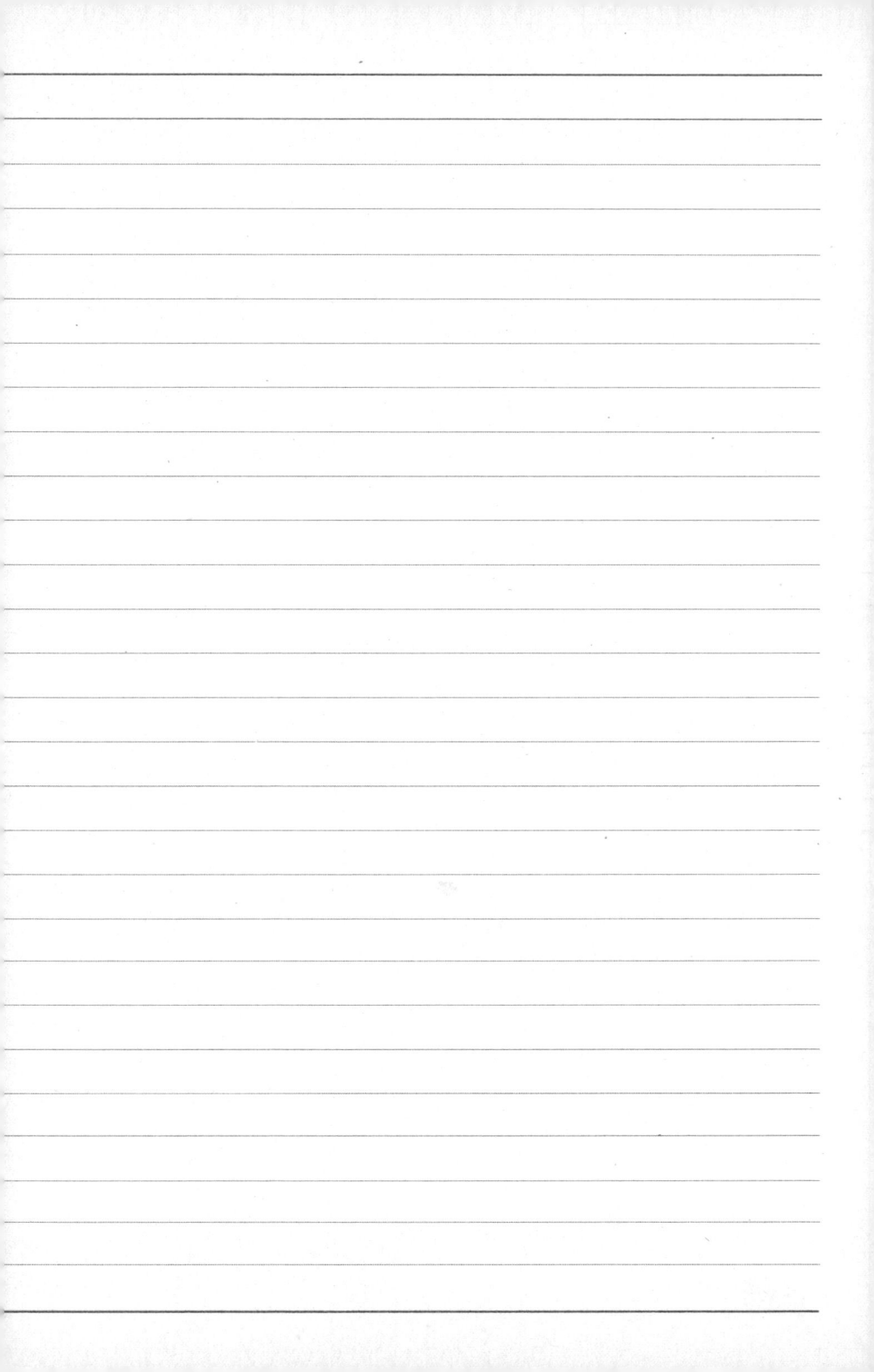

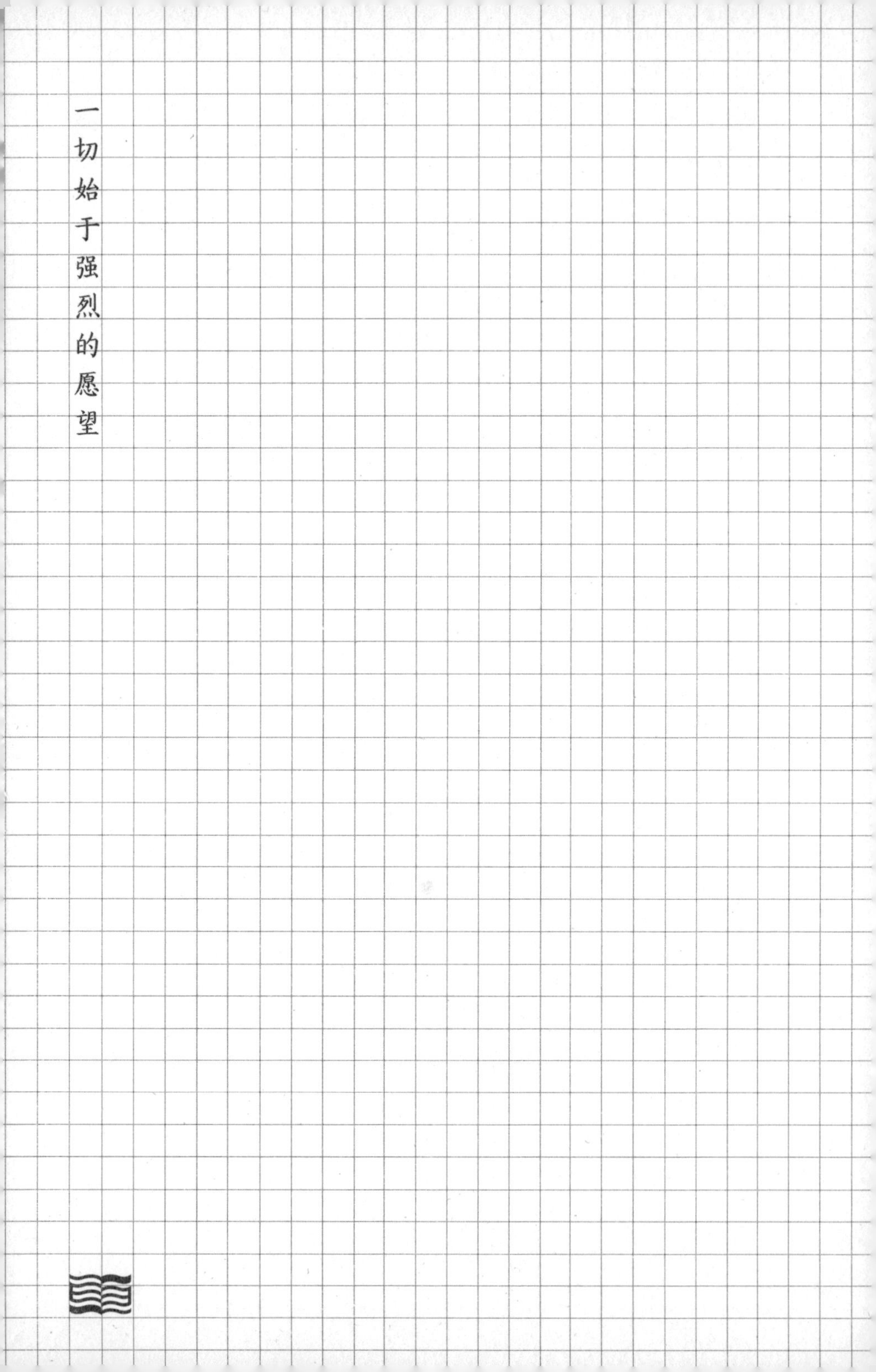
一切始于强烈的愿望

on Tue Wed Thu Fri Sat Sun

Feb Mar Apr May Jun Jul Aug Sep Oct Nov Dec

02 03 04 05 06 07 08 09 10 11 12 13 14 15 16 17 18 19 20 21 22 23 24 25 26

28 29 30 31

将知识提高到见识，将见识提高到胆识

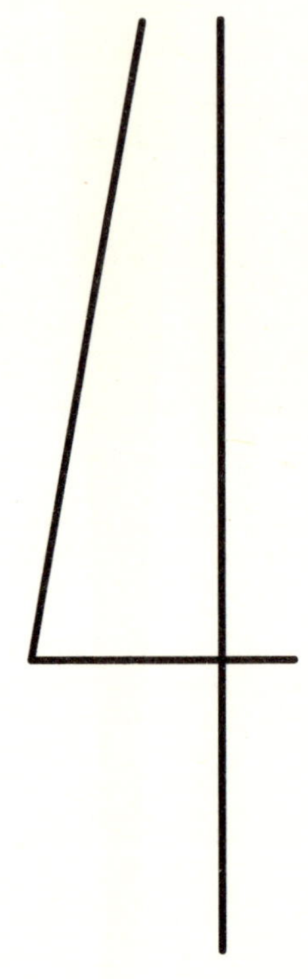

Elevate Knowledge to Insight
—and Insight to Wise,
Decisive Action

知识不过是信息，只拥有知识并不能发挥作用。必须将知识提高到属于自身信念的见识，然后进一步将见识提高到胆识。所谓胆识，指见识加胆力。所谓胆力，即付诸行动的勇气。具备胆识后，不管遭遇何种困难，都不会犹豫不决，而能够朝着目标毅然前行。

将知识提高到见识，将见识提高到胆识

知識を見識とし、胆識に高める

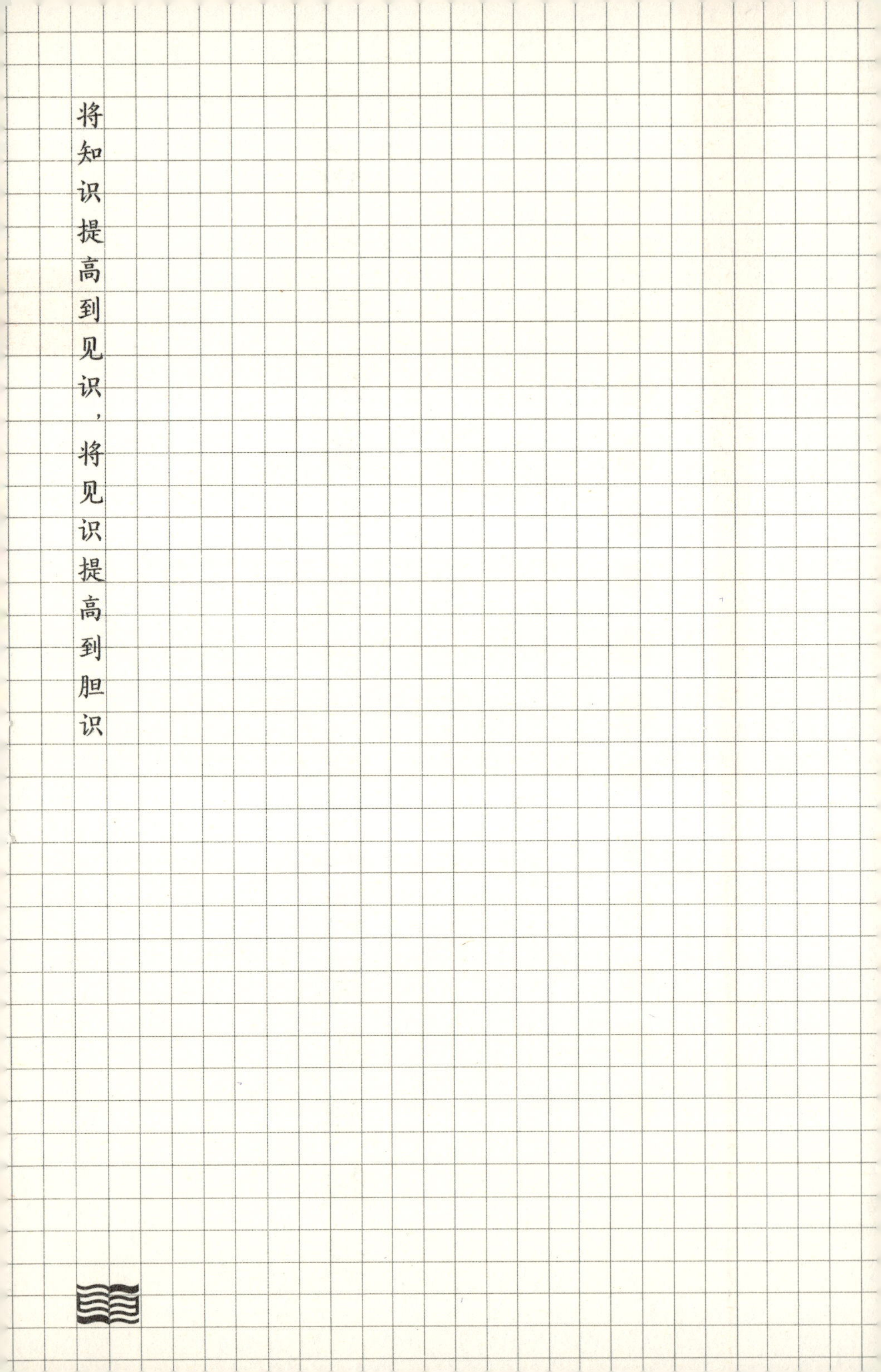
将知识提高到见识，将见识提高到胆识

间表
HEDULE

结
MMARY

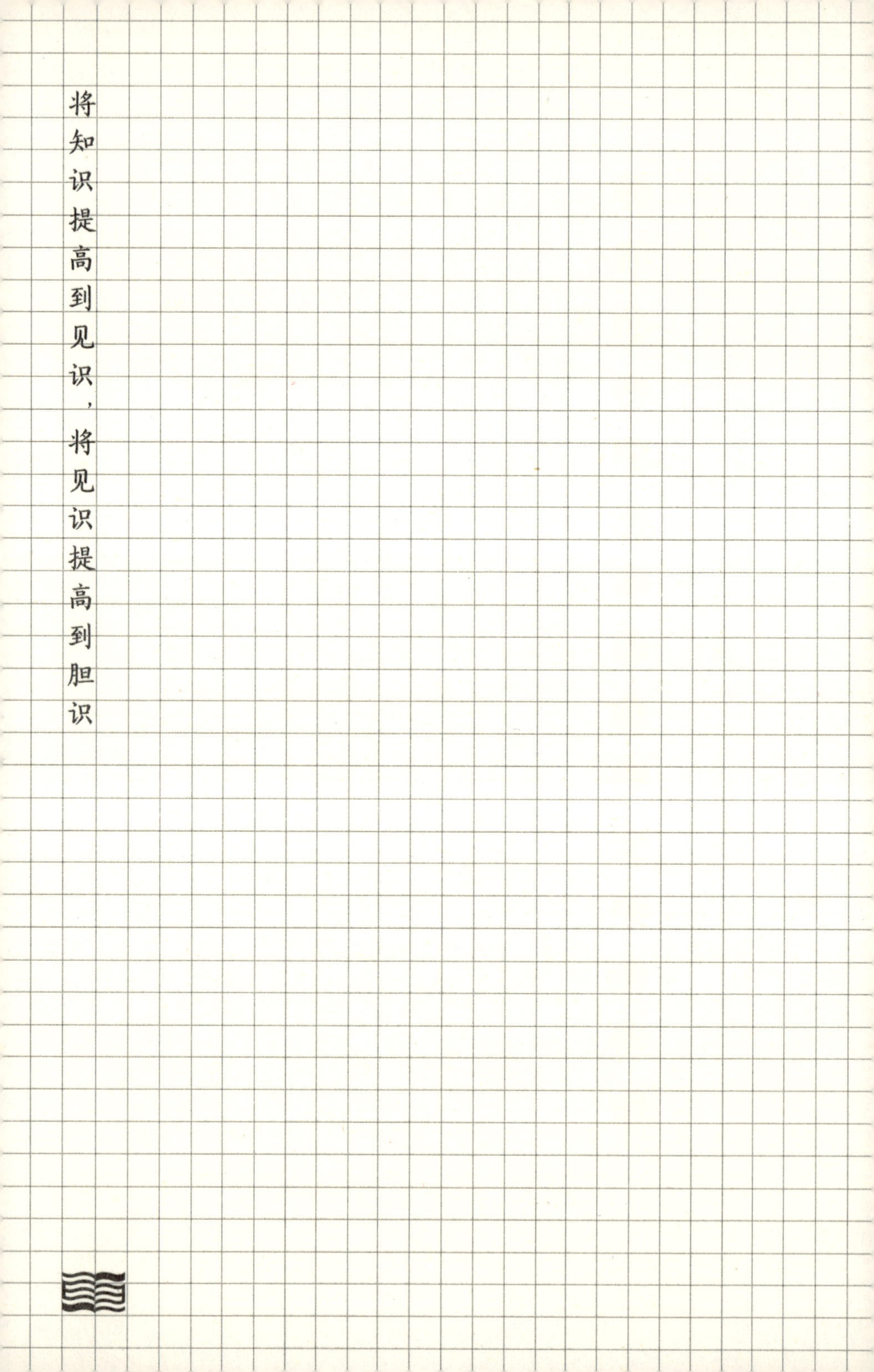

将知识提高到见识，将见识提高到胆识

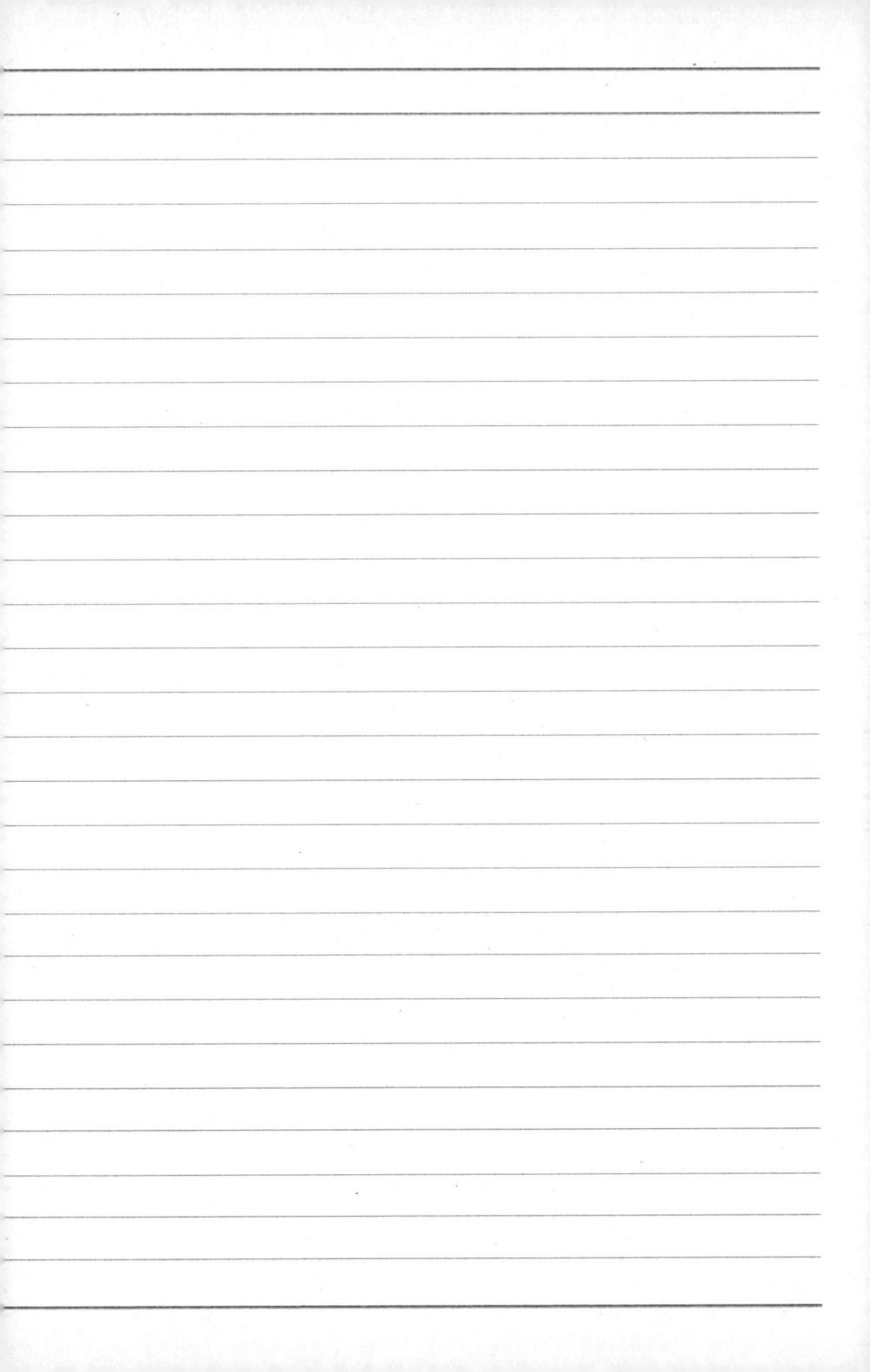

将知识提高到见识，将见识提高到胆识

on Tue Wed Thu Fri Sat Sun

n Feb Mar Apr May Jun Jul Aug Sep Oct Nov Dec

02 03 04 05 06 07 08 09 10 11 12 13 14 15 16 17 18 19 20 21 22 23 24 25 26

28 29 30 31

拥有惊人的集中力

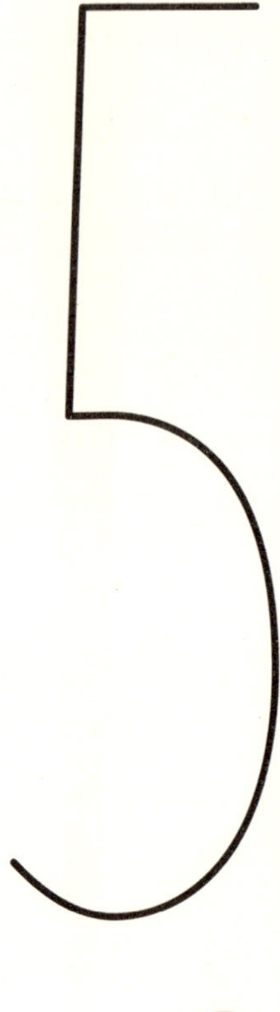

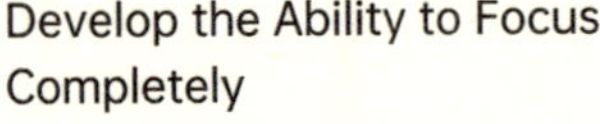

Develop the Ability to Focus Completely

随着工作的推进，势必会接连出现困难。要想瞬时做出正确判断，解决问题，就需要理清头脑，像镜片聚焦阳光那样，将精神集中于一点。唯有养成事无巨细、认真思考的习惯，方能发挥出这种惊人的集中力。

拥有惊人的集中力

すさまじい集中力を持つ

拥有惊人的集中力

表
HEDULE

MARY

拥有惊人的集中力

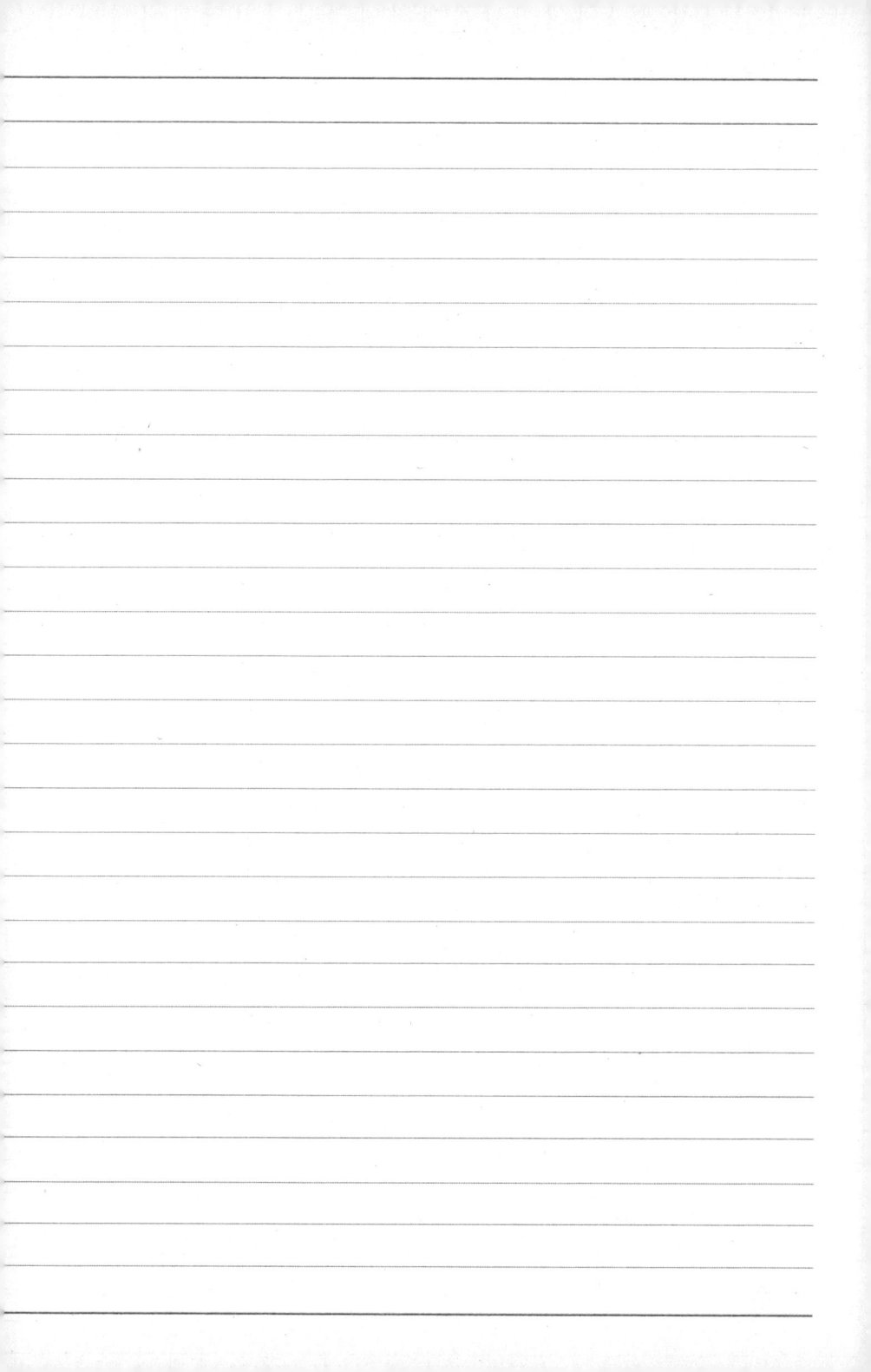

拥有惊人的集中力

on Tue Wed Thu Fri Sat Sun

Feb Mar Apr May Jun Jul Aug Sep Oct Nov Dec

02 03 04 05 06 07 08 09 10 11 12 13 14 15 16 17 18 19 20 21 22 23 24 25 26

28 29 30 31

依据原理原则做出判断

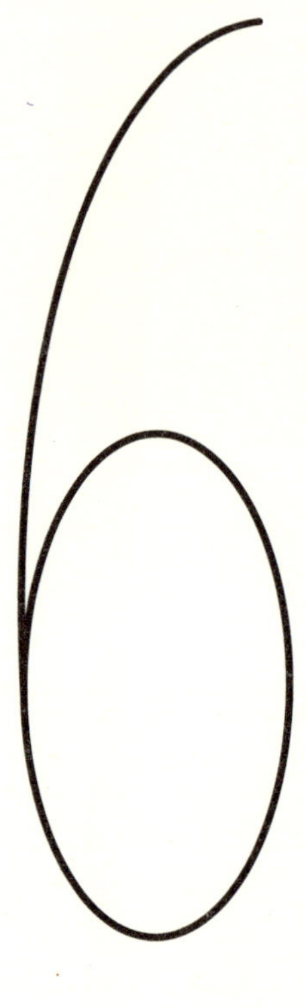

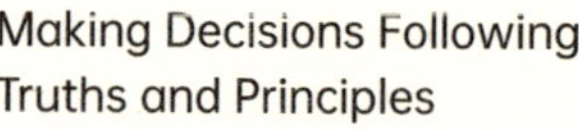

Making Decisions Following Truths and Principles

倘若在做出判断时依赖常识和惯例，在遭遇新事物、新问题时，便无法解决。关键要对任何事情都依据原理原则做出判断。原理原则是事物的本质，是基于人类社会道德及伦理的应有形态。基于原理原则的判断，是超越时代和国别的共通之理，真实不虚。

依据原理原则做出判断

原理原則から判断する

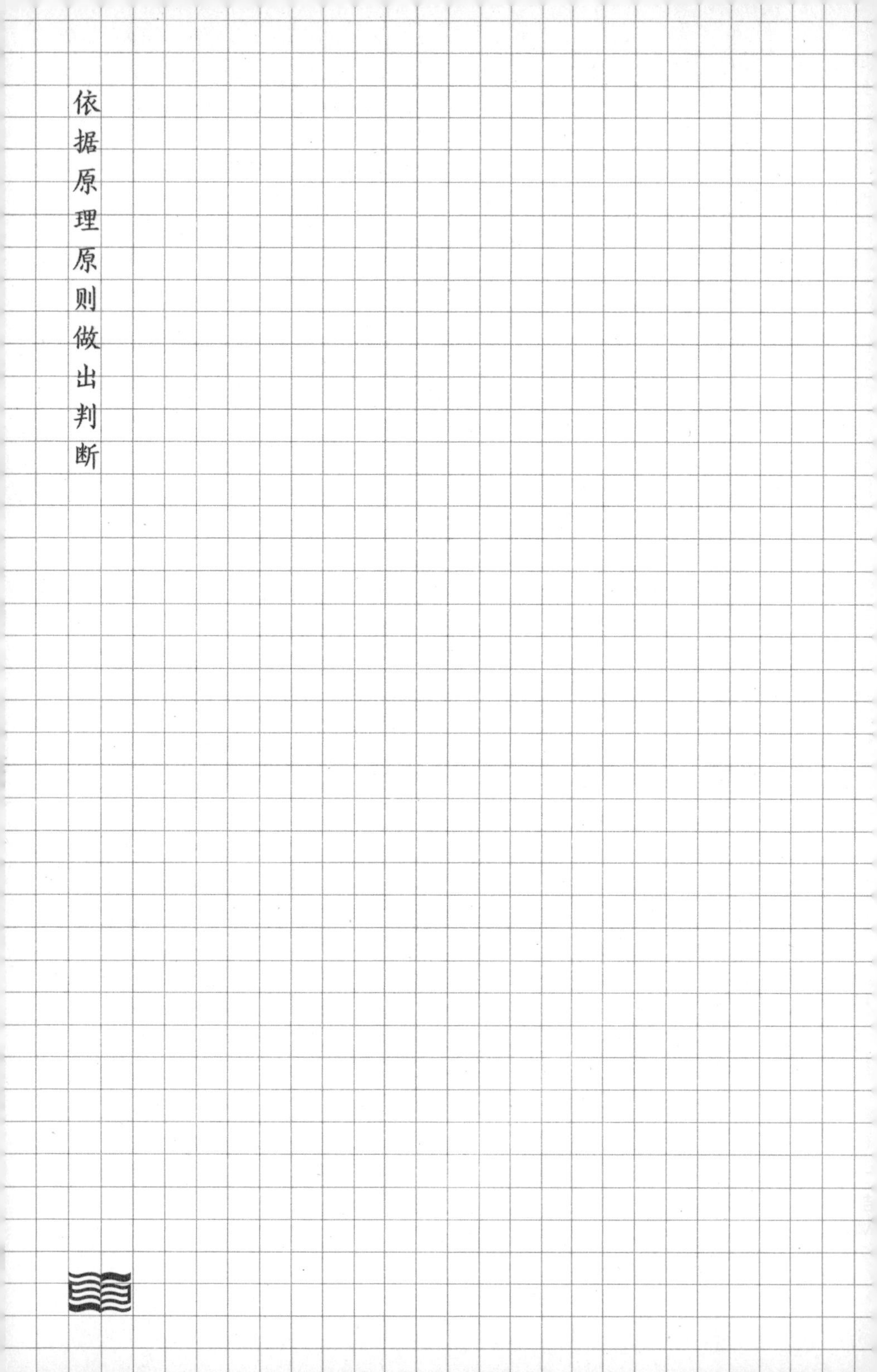
依据原理原则做出判断

间表
HEDULE

吉
MMARY

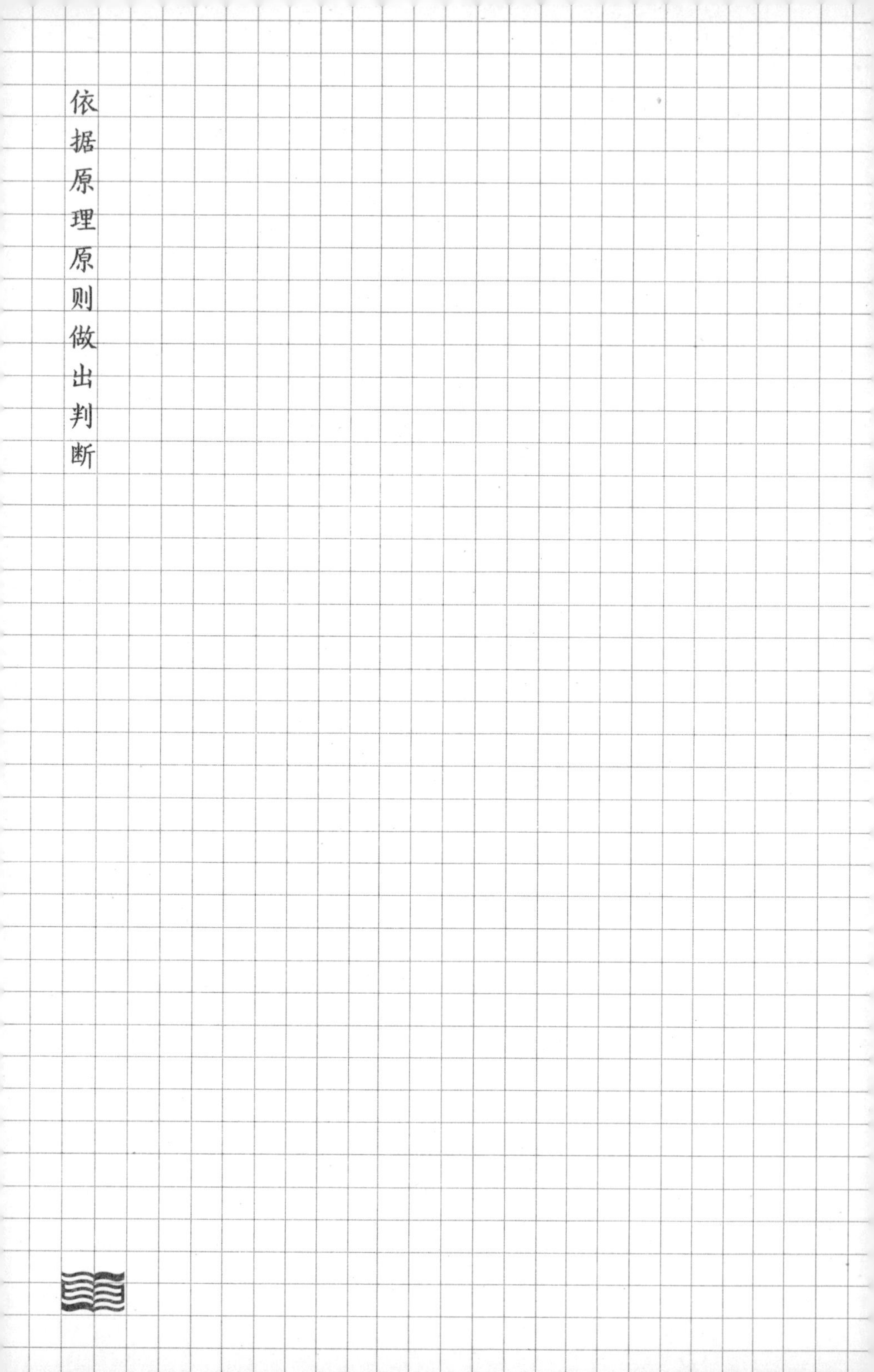
依据原理原则做出判断

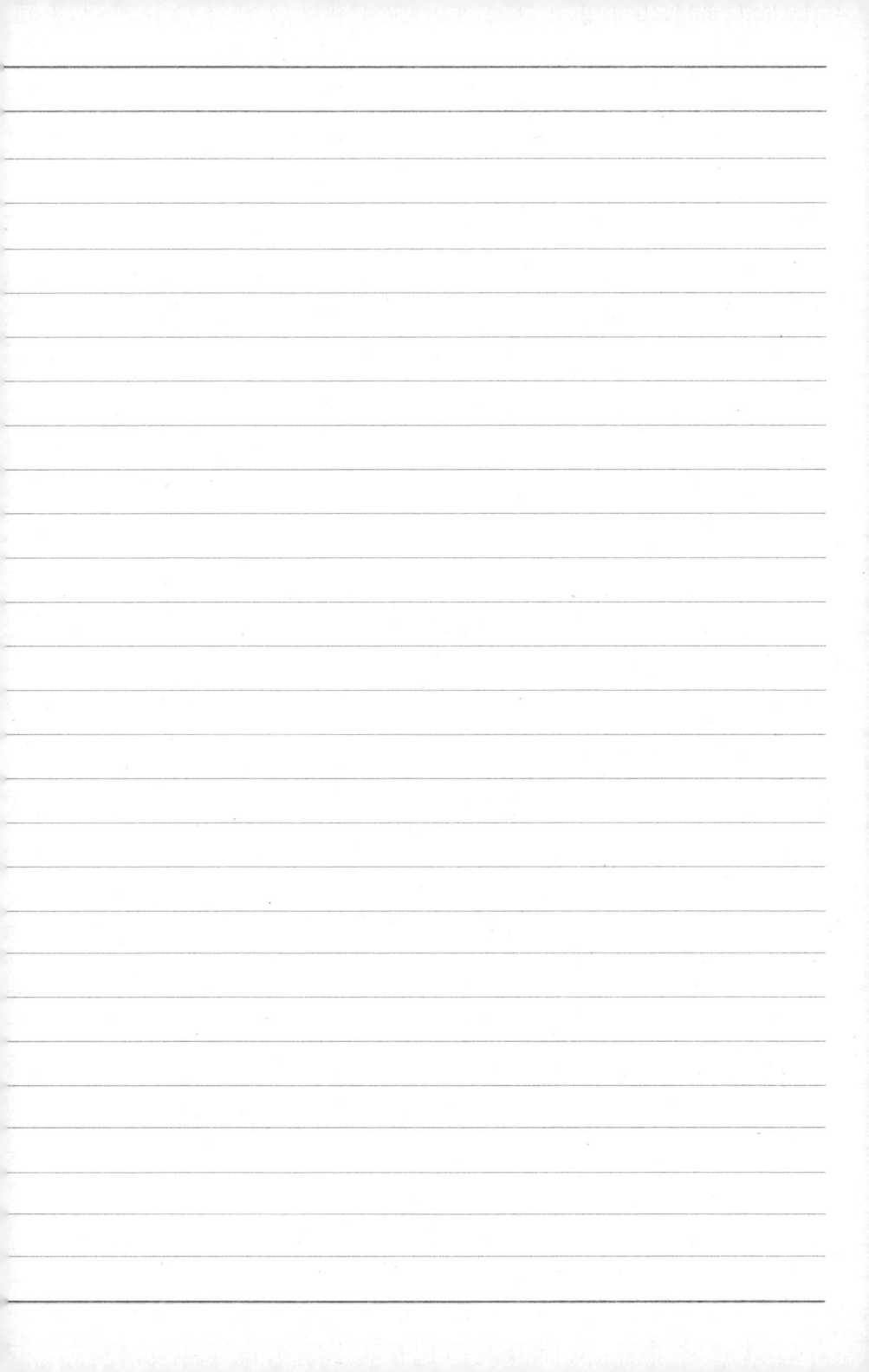

依据原理原则做出判断

n Tue Wed Thu Fri Sat Sun

Feb Mar Apr May Jun Jul Aug Sep Oct Nov Dec

02 03 04 05 06 07 08 09 10 11 12 13 14 15 16 17 18 19 20 21 22 23 24 25 26

28 29 30 31

为社会为世人尽力

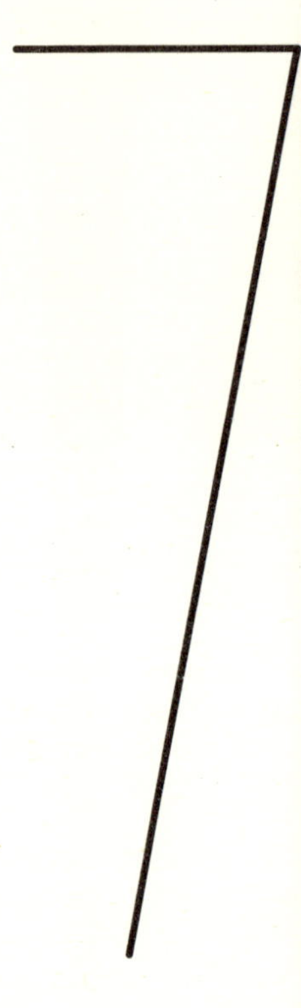

Serving the Greater Good of Humankind and Society

人本来就具备以助人和奉献为乐的美丽心灵。但倘若利己之心过强，则这种善念便难以显现。必须抑制利己的欲望，胸怀体恤他人之心。通过不断践行“利他”，能让心灵变得更美、更纯粹。

为社会为世人尽力

世のため人のために尽くす

为社会为世人尽力

间表
HEDULE

MARY

为社会为世人尽力

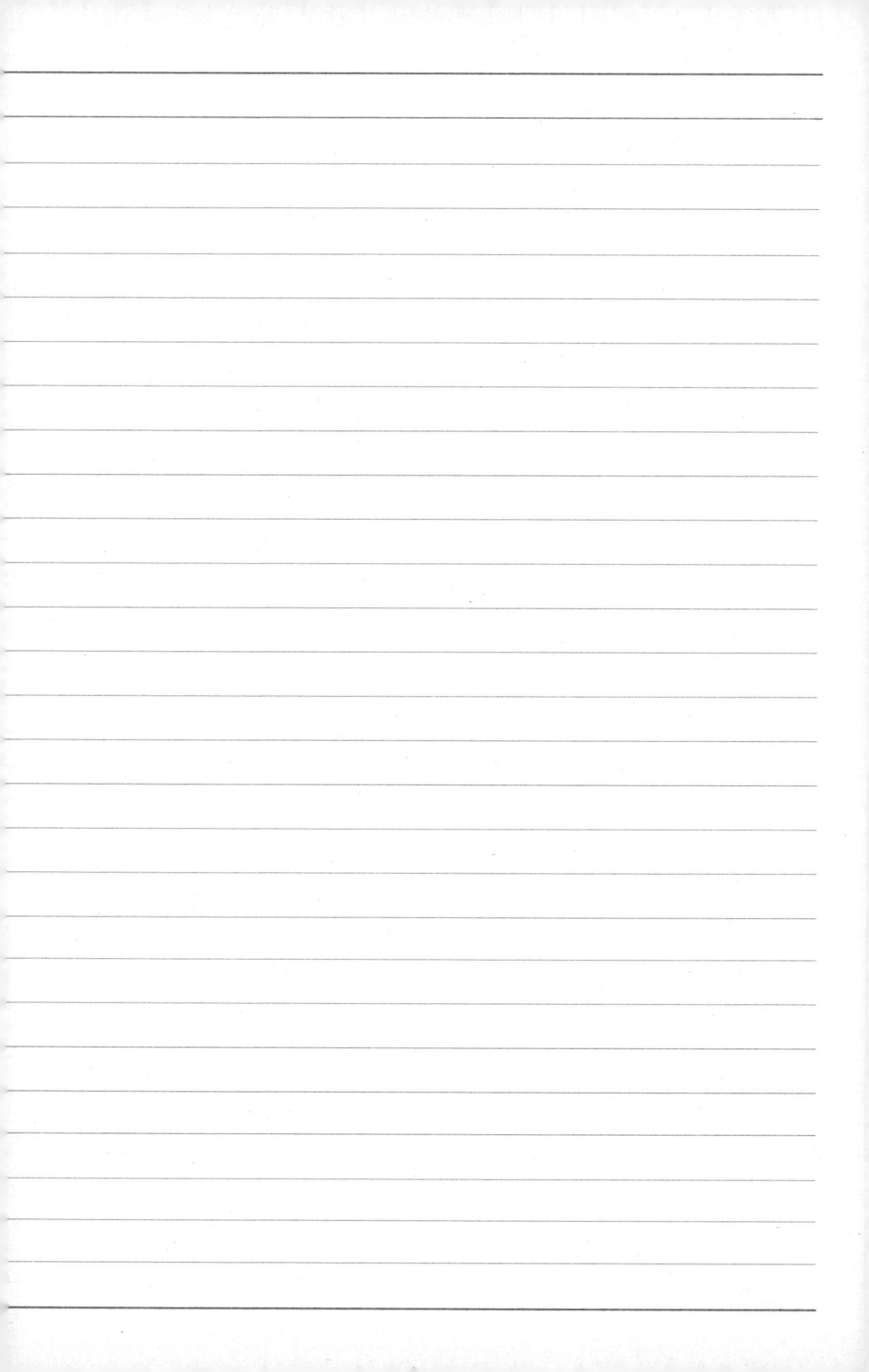

为社会为世人尽力

on Tue Wed Thu Fri Sat Sun

Feb Mar Apr May Jun Jul Aug Sep Oct Nov Dec

02 03 04 05 06 07 08 09 10 11 12 13 14 15 16 17 18 19 20 21 22 23 24 25 26

28 29 30 31

既要关心爱护，又要严格批评教育

8

Based on Love, Teach Firmly

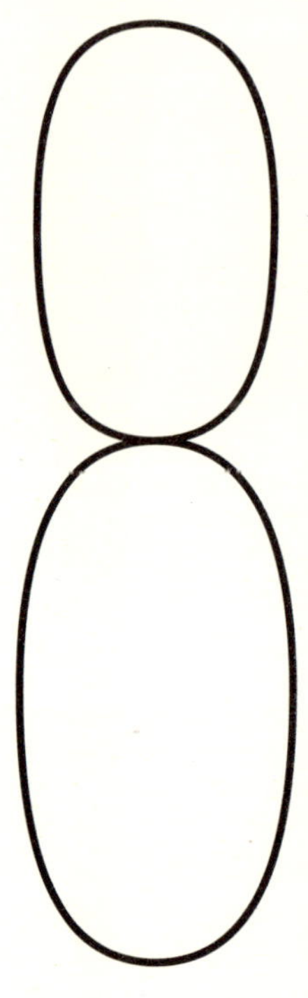

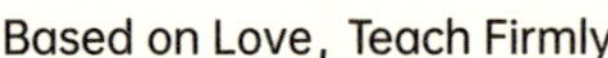

下属犯错时，关键要当场对其严厉批评教育。假如只在事后稍加提醒，则无意义。但前提是具备能让下属在直接被训后心服口服的人际关系，以及富有人情味的职场氛围。为此，需要在平时关心爱护下属，建立不可动摇的信赖关系。

愛情を持って接し、厳しく叱る

既要关心爱护，又要严格批评教育

既要关心爱护，又要严格批评教育

表
EDULE

MMARY

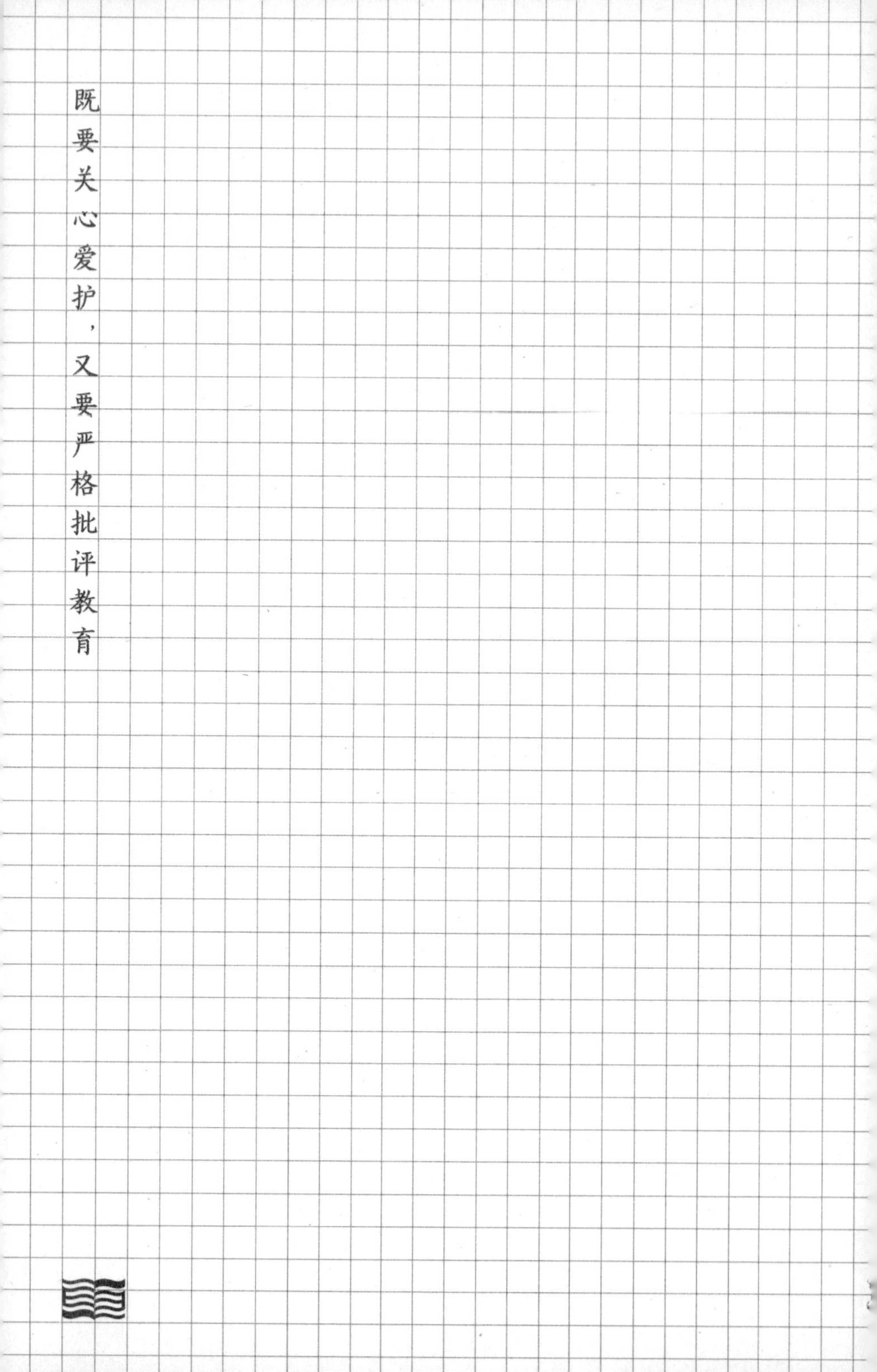
既要关心爱护，又要严格批评教育

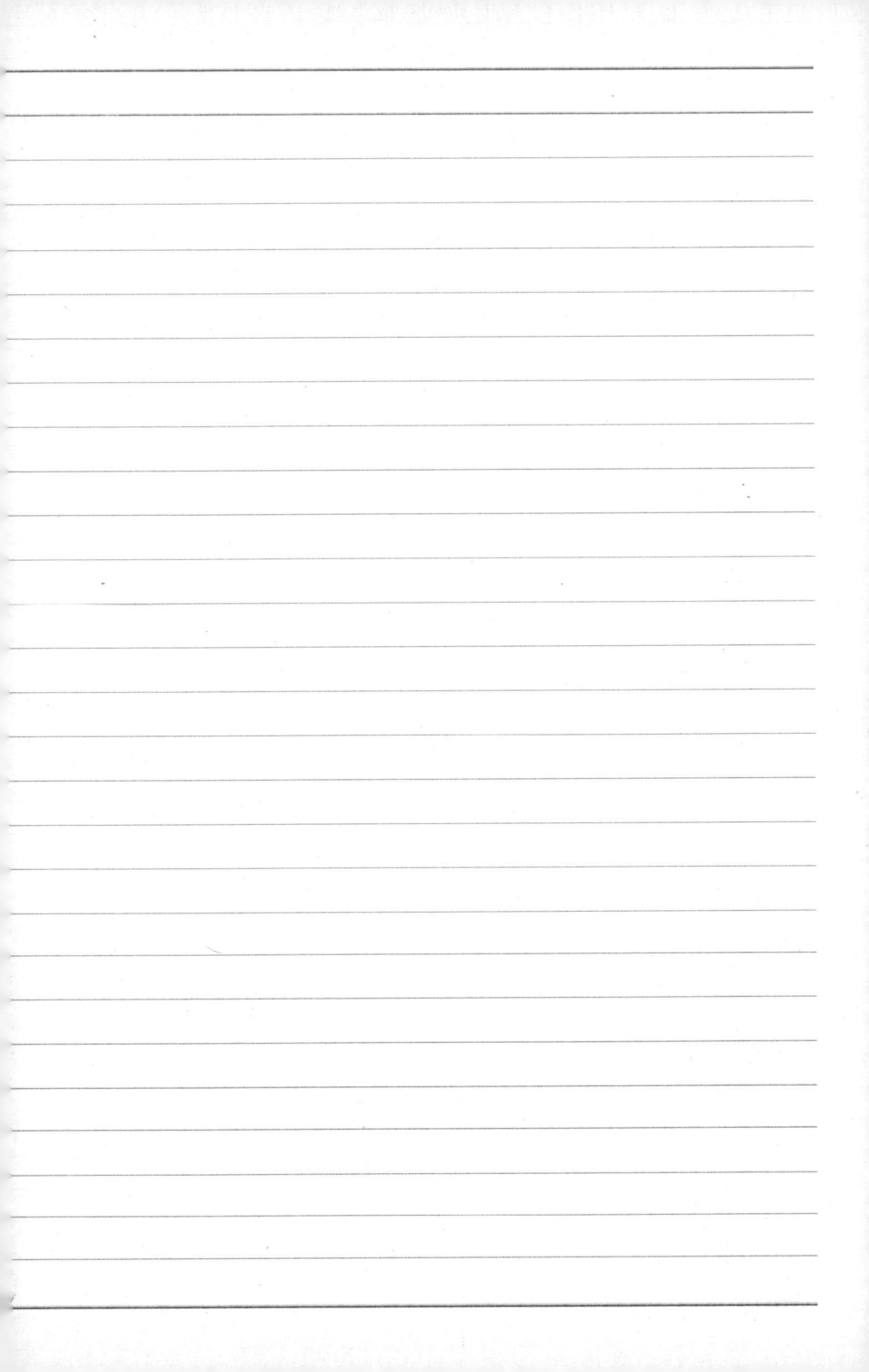

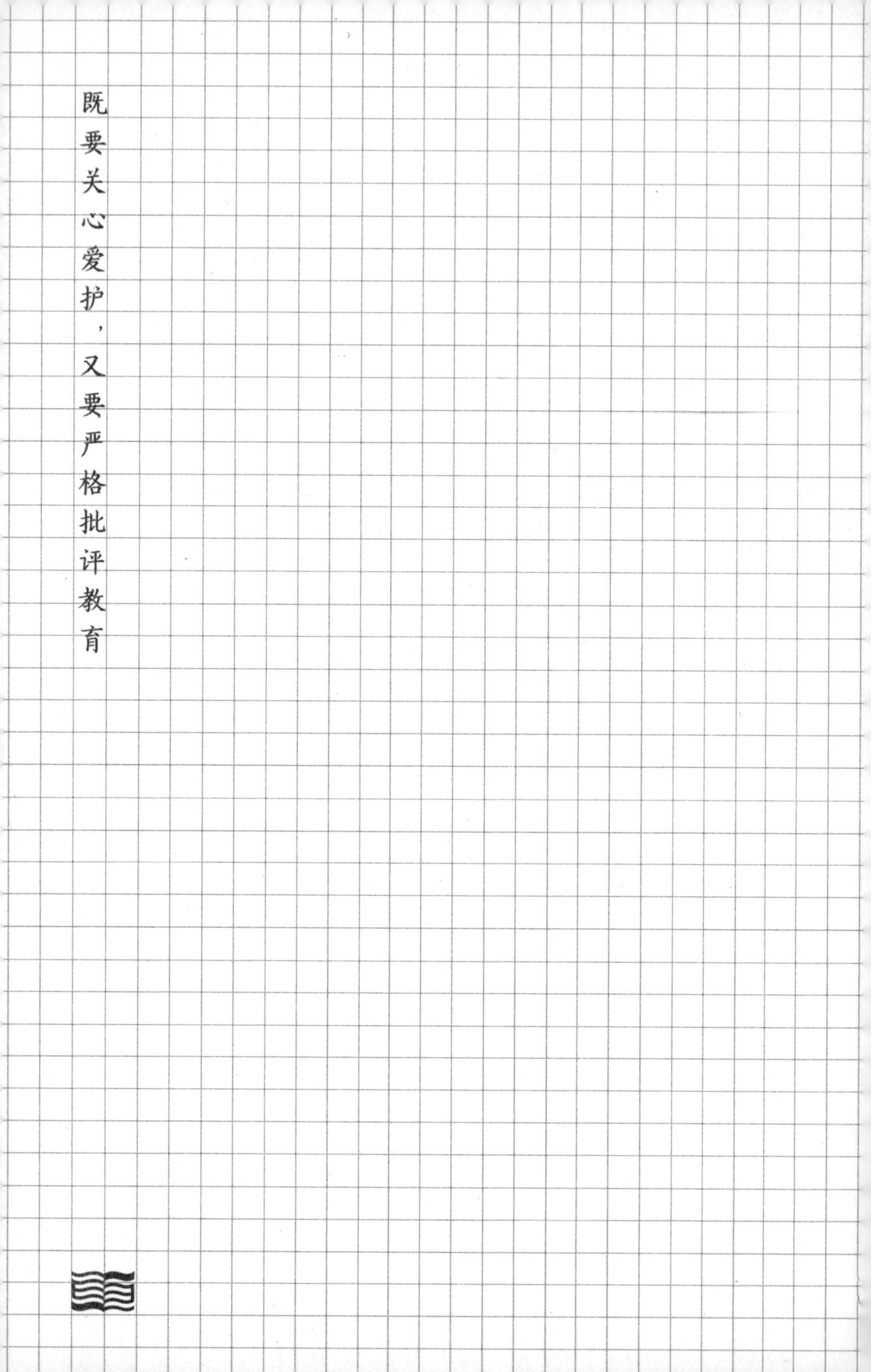

既要关心爱护，又要严格批评教育

n Tue Wed Thu Fri Sat Sun

Feb Mar Apr May Jun Jul Aug Sep Oct Nov Dec

02 03 04 05 06 07 08 09 10 11 12 13 14 15 16 17 18 19 20 21 22 23 24 25 26

28 29 30 31

突破壁障

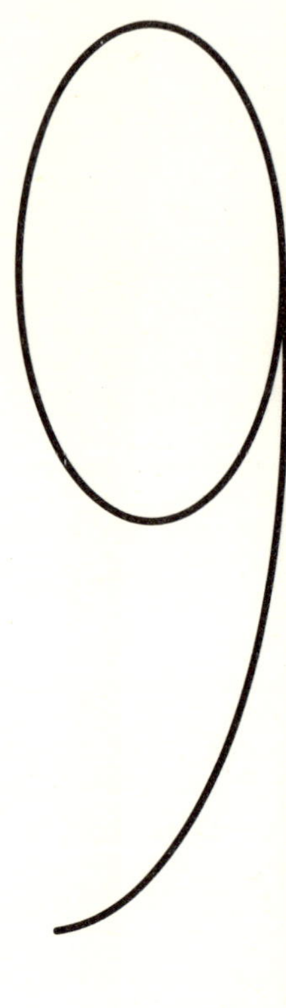

Break Through Barriers

成功者与失败者的区别在于，后者在碰壁后认定自己“到此为止”，前者则不管遭遇多高多强的壁障阻碍，都会说服自己“必能突破”，并顽强地不断努力。唯有坚信自身潜力，并付出不懈努力之人，才能冲破障碍，获得成功。

壁を突破する

突破壁障

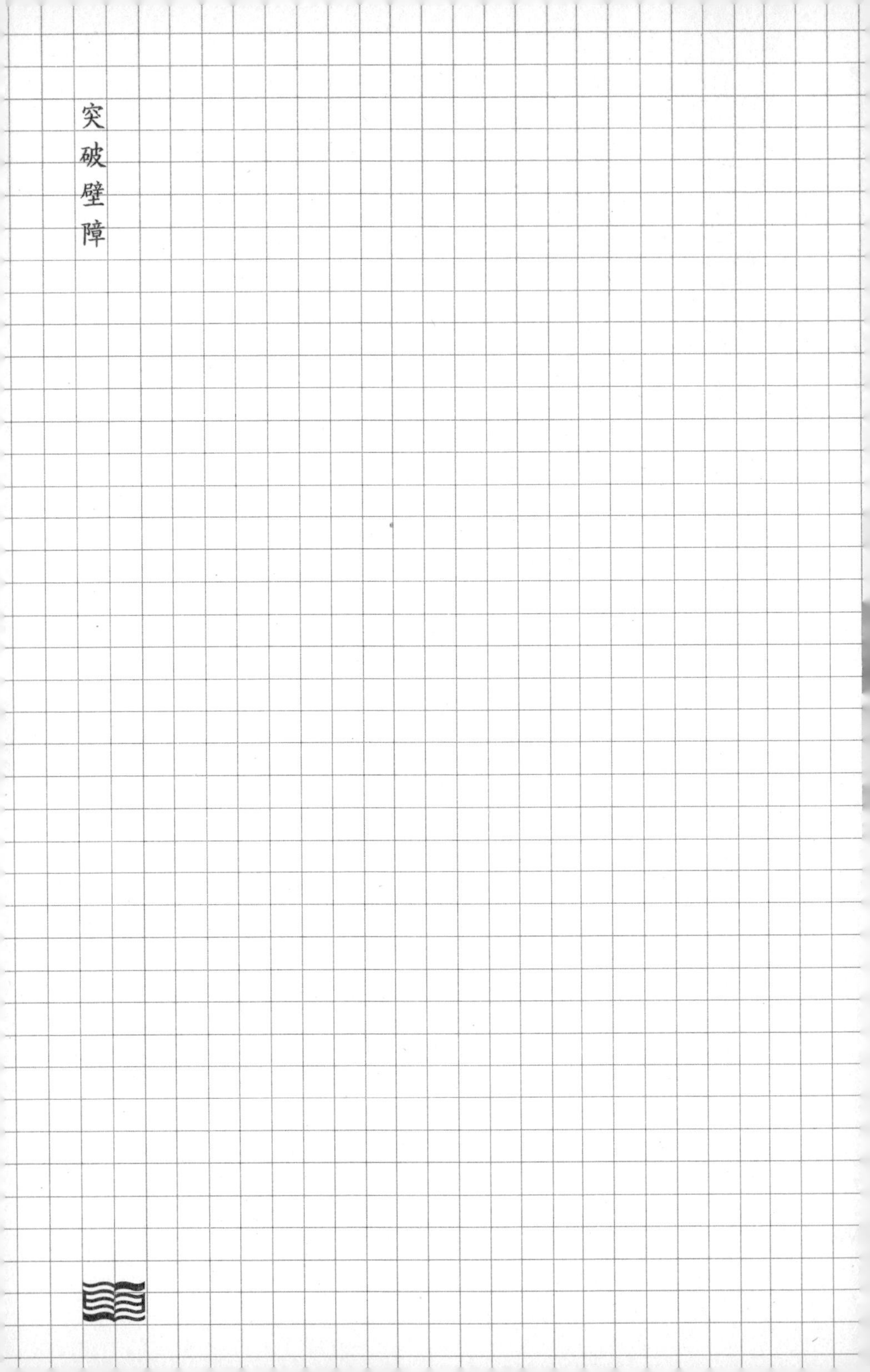

突破壁障

表
EDULE

MARY

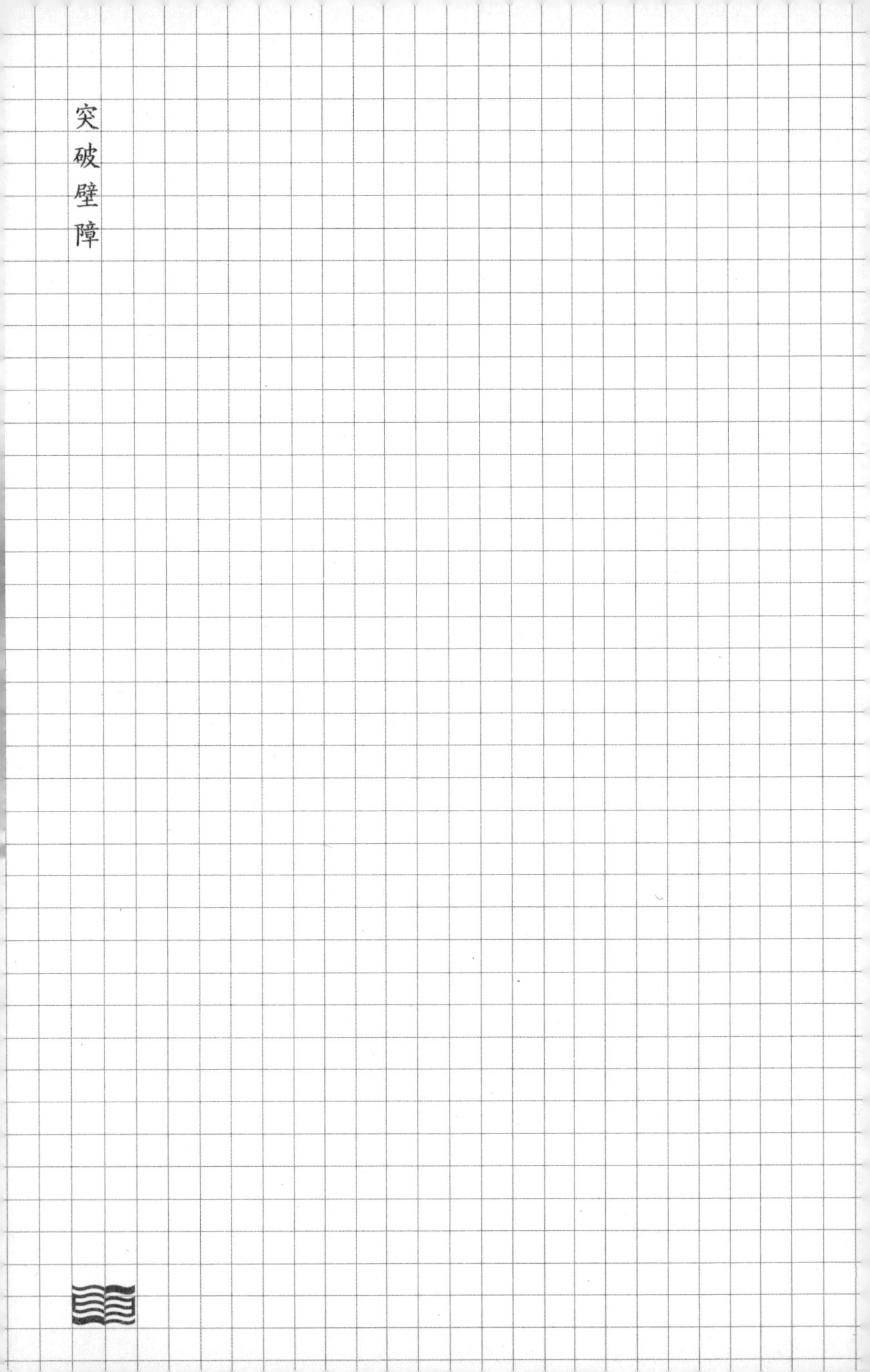

突破壁障

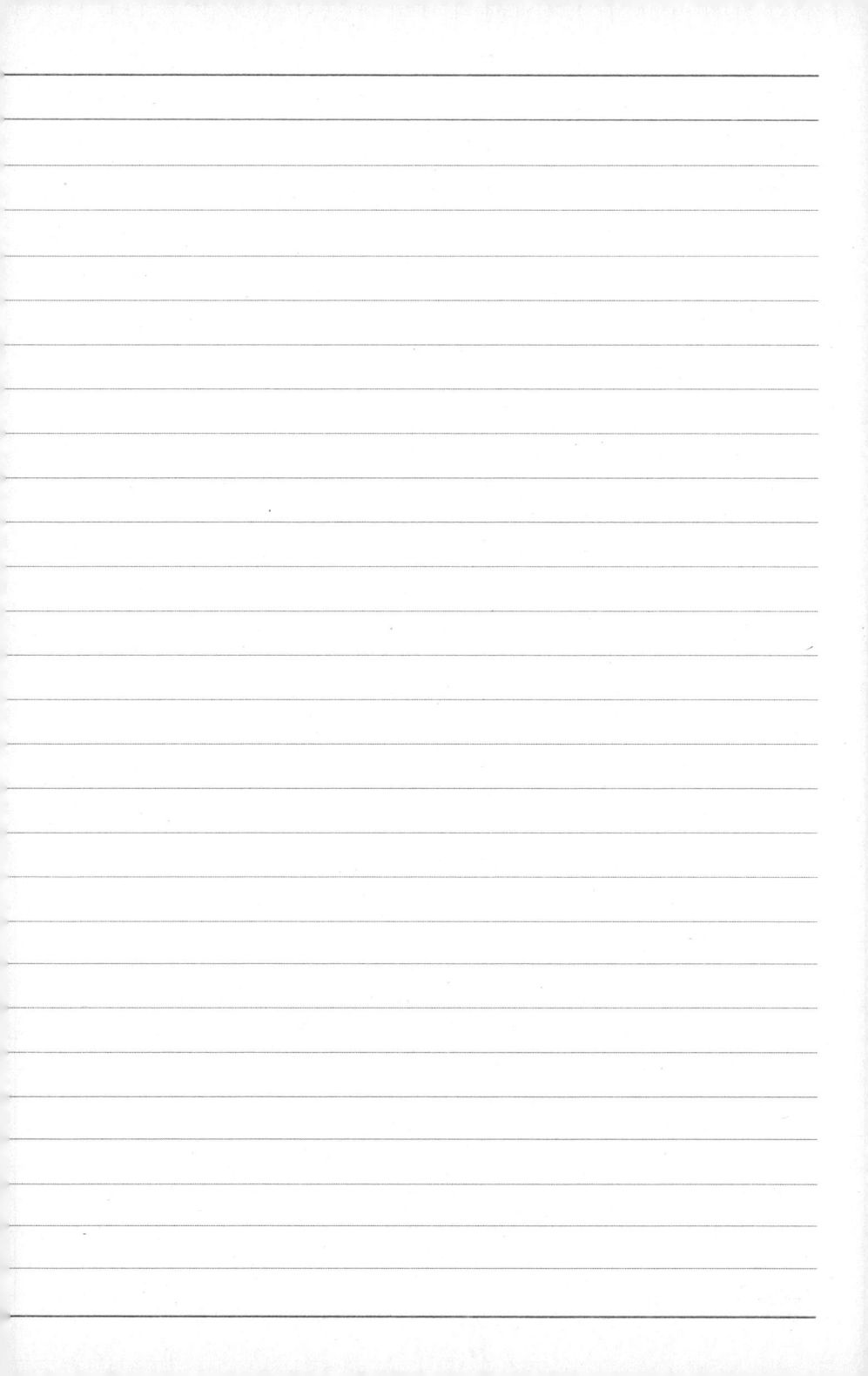

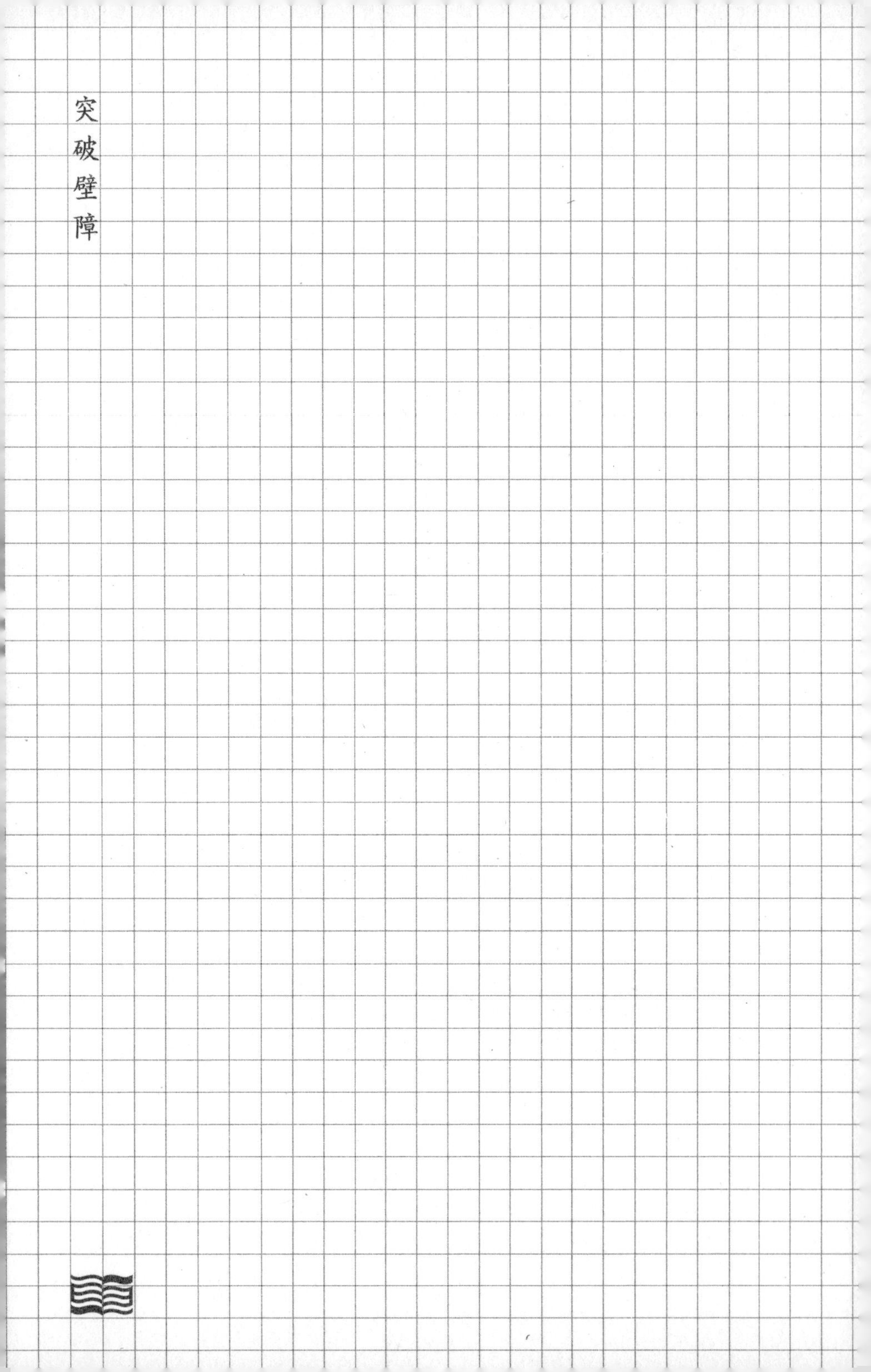

突破壁障

n Tue Wed Thu Fri Sat Sun

Feb Mar Apr May Jun Jul Aug Sep Oct Nov Dec

02 03 04 05 06 07 08 09 10 11 12 13 14 15 16 17 18 19 20 21 22 23 24 25 26

28 29 30 31

注入能量

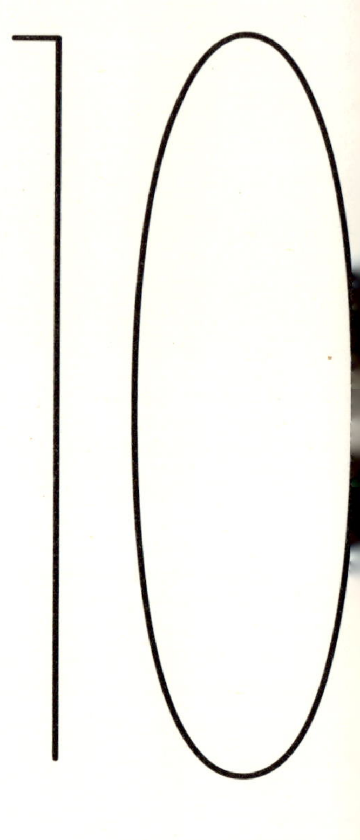

Energize Employees

要想达成远大目标，必须让整个职场充满热情。为此，领导需要将自身的热情和能量注入下属心中。将自身倾注于工作的能量提升至极限，从而激发下属的热情，让他们拥有“无论如何都必须达成目标”的干劲，这便是领导最重要的职责。

エネルギーを注入する

注入能量

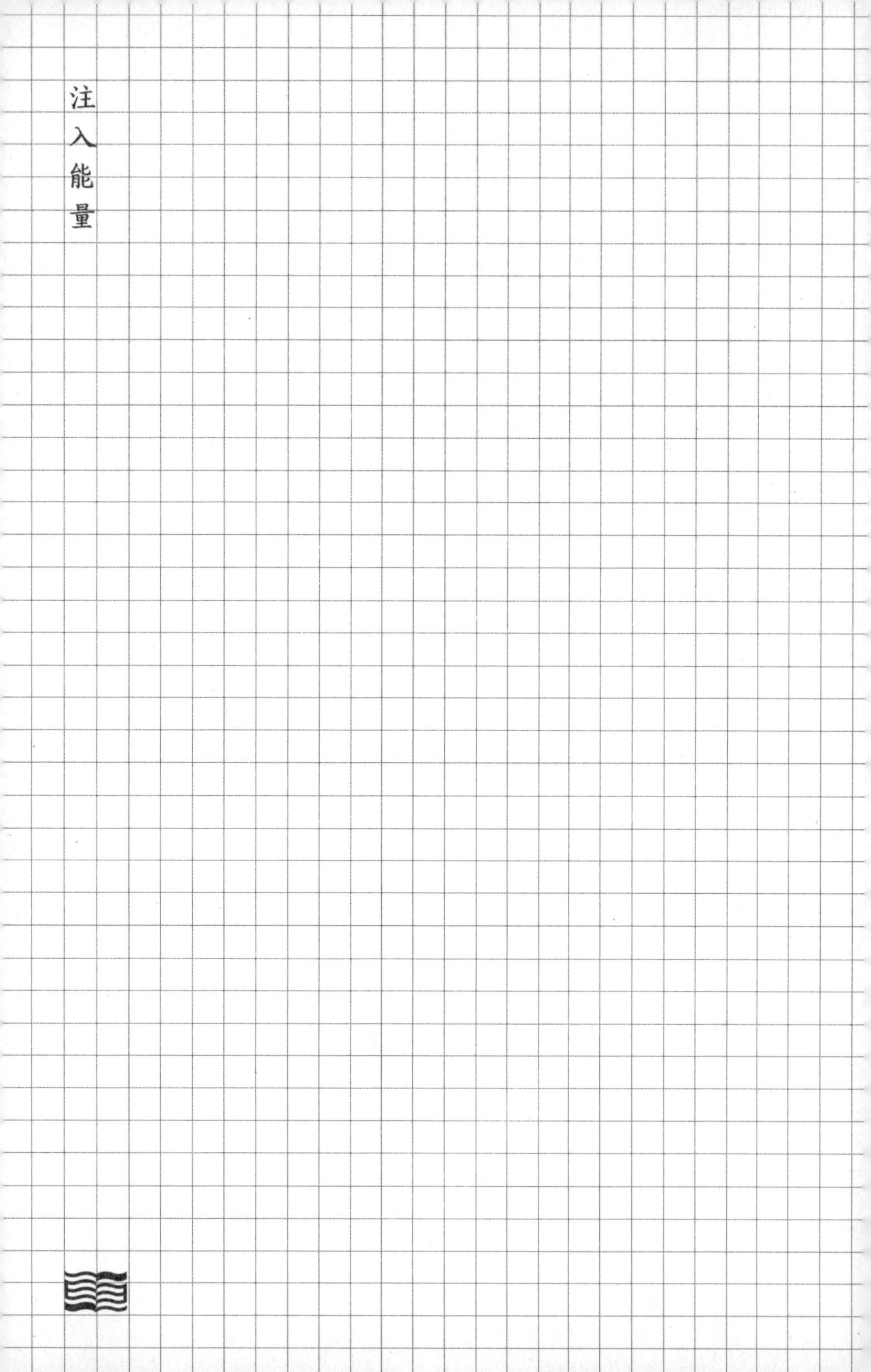
注入能量

表
EDULE

MARY

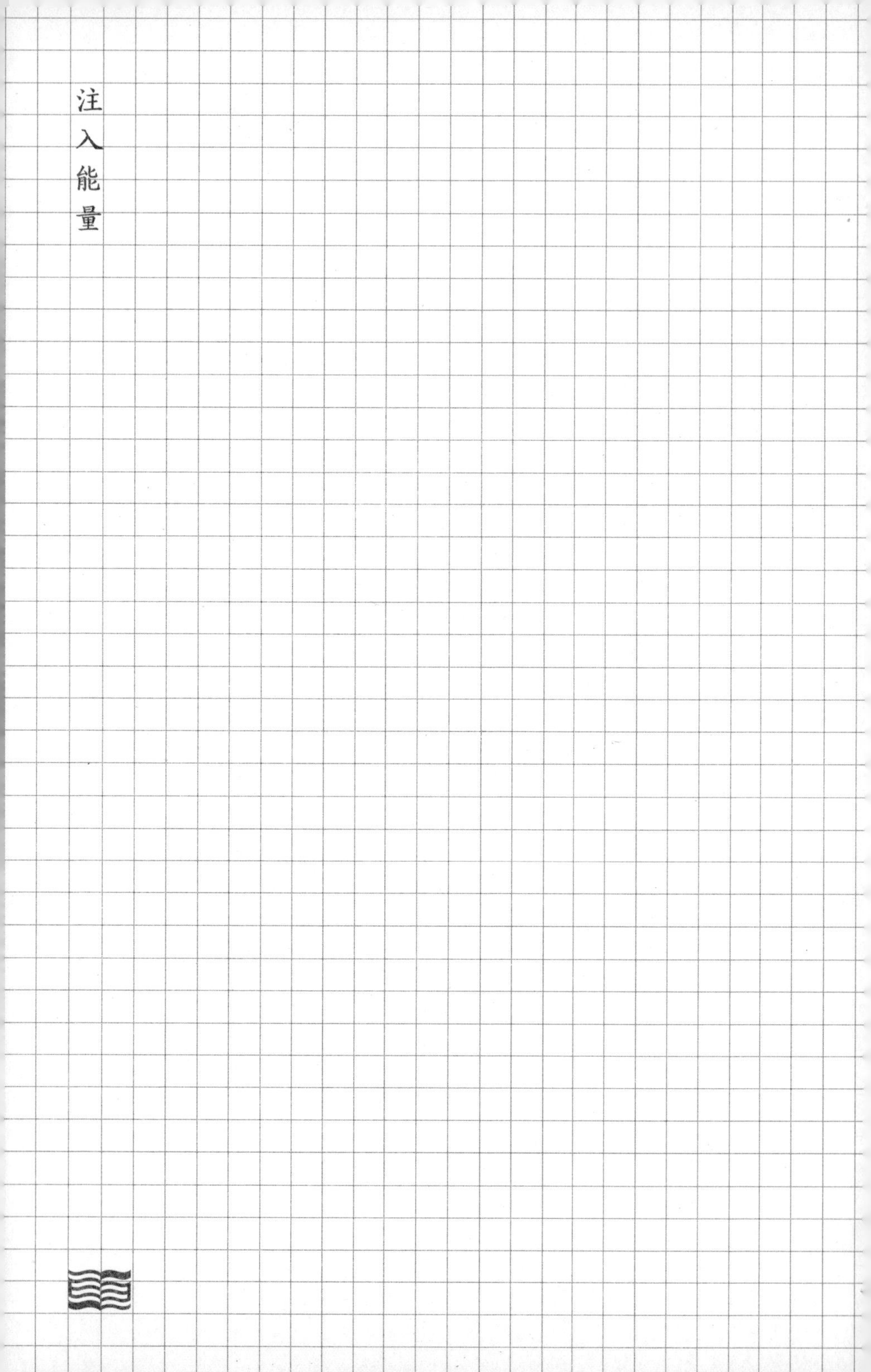

注入能量

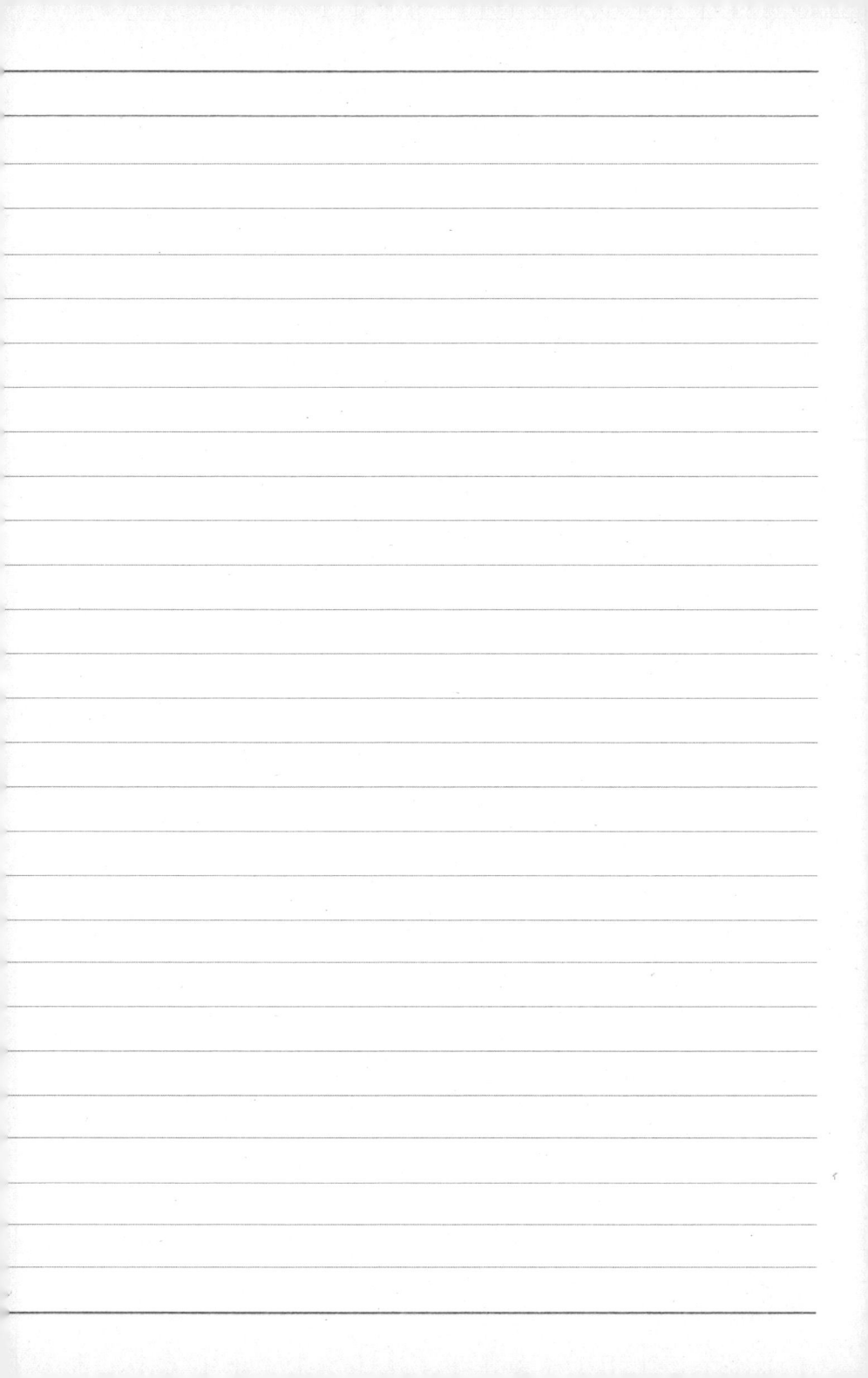

注入能量

n Tue Wed Thu Fri Sat Sun

Feb Mar Apr May Jun Jul Aug Sep Oct Nov Dec

02 03 04 05 06 07 08 09 10 11 12 13 14 15 16 17 18 19 20 21 22 23 24 25 26

28 29 30 31

不能将才能据为己有

11

Share Your Talent

应该将才能和能力视为天赐之物，为的是让受恩赐者造福社会。哪怕拥有再优秀的能力，其产出的成果也不仅属于其个人。不要恃才傲物、邀功自大、处事傲慢，而应该把自己拥有的才能为社会和世人所用。

才能を私物化しない

不能将才能据为己有

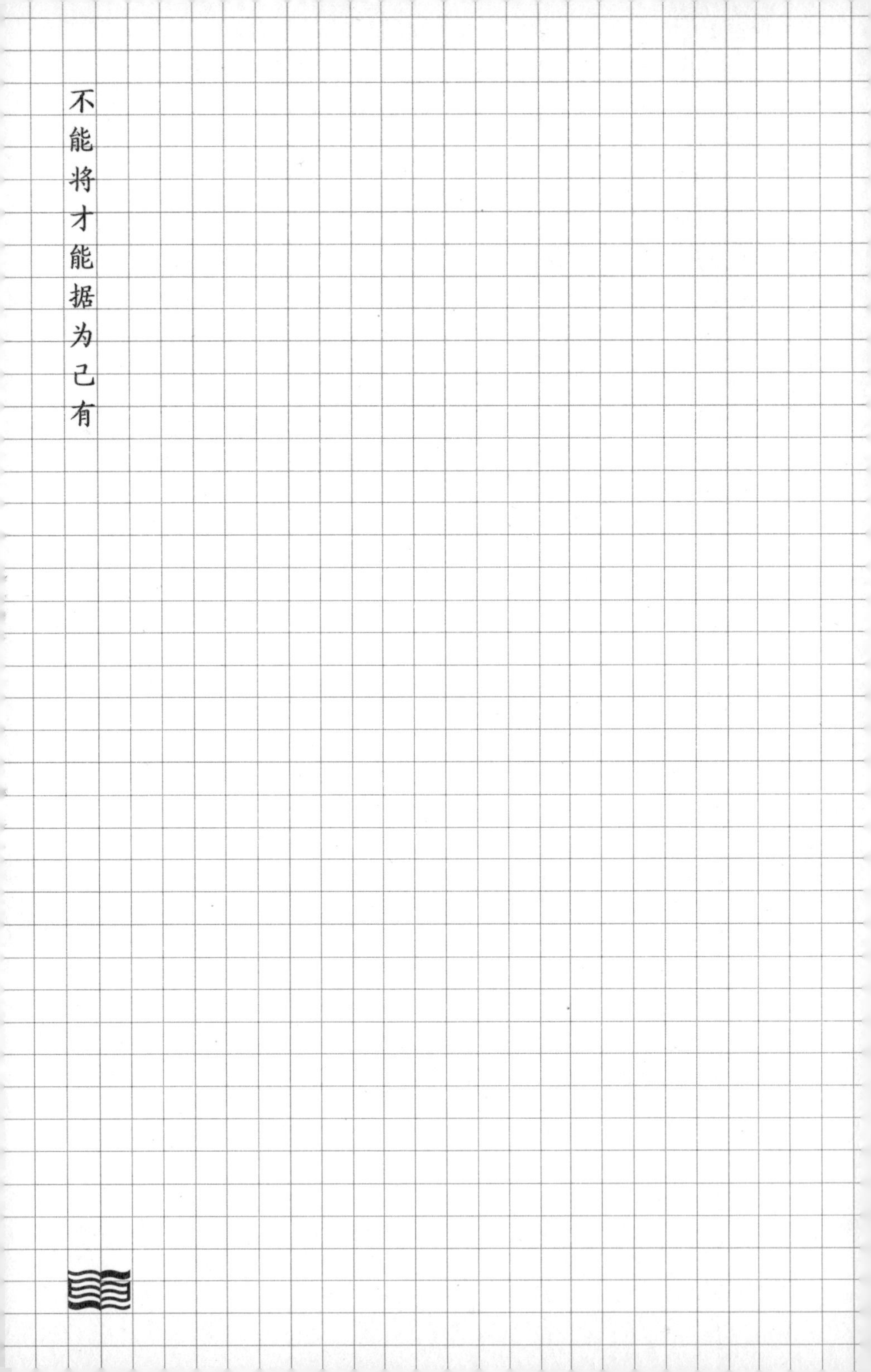
不能将才能据为己有

表
EDULE

ARY

不能将才能据为己有

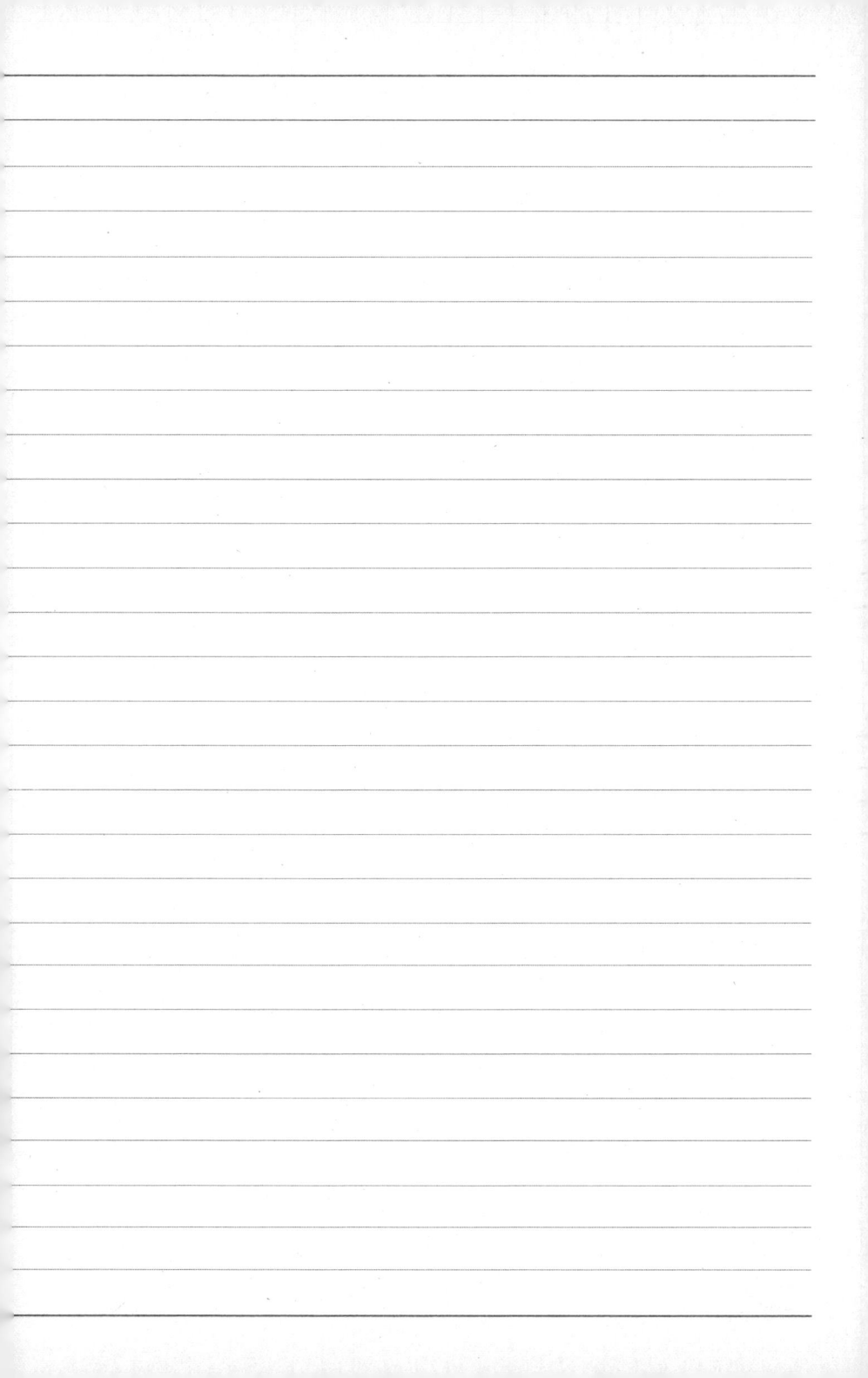

不能将才能据为己有

n Tue Wed Thu Fri Sat Sun

Feb Mar Apr May Jun Jul Aug Sep Oct Nov Dec

02 03 04 05 06 07 08 09 10 11 12 13 14 15 16 17 18 19 20 21 22 23 24 25 26

28 29 30 31

直面困难

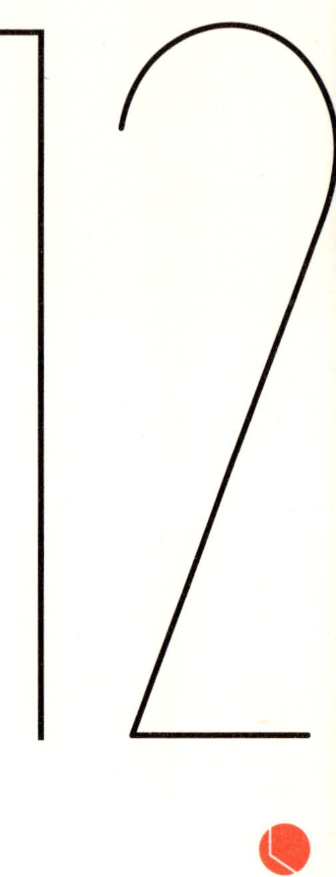

Tackle Obstacles Head-On

直面困难时，既应该具备“非要克服”的觉悟，还必须摆脱执念和妄念，重新审视自身所处的境地。如能直面痛苦和现状，以一颗明心观察问题，不但能找到解决问题的突破口，甚至还能如获“神之启示”一般，闪现出与创新相关的点子。

困難に真正面から取り組む

直面困难

直面困难

表
EDULE

MARY

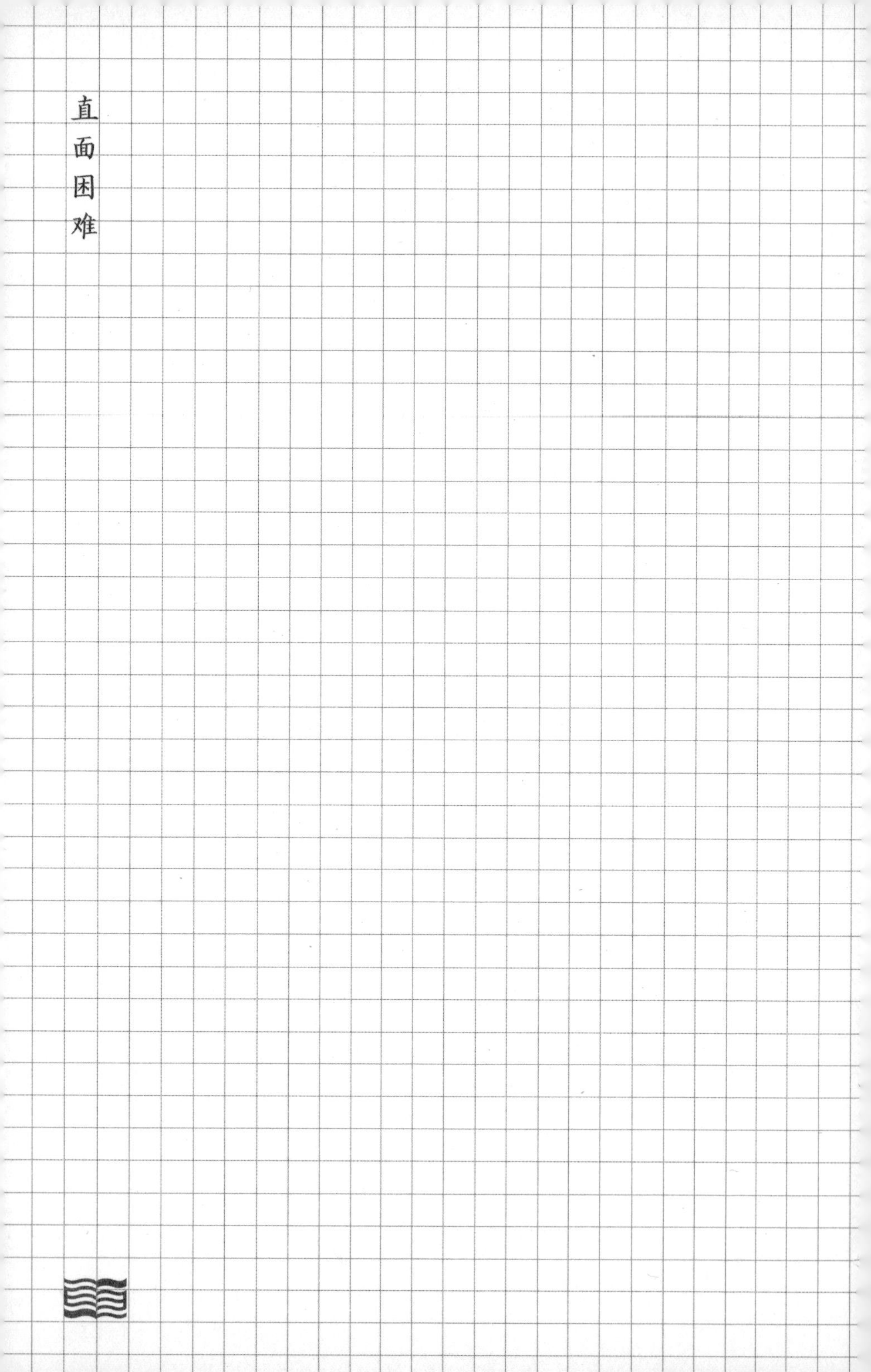
直面困难

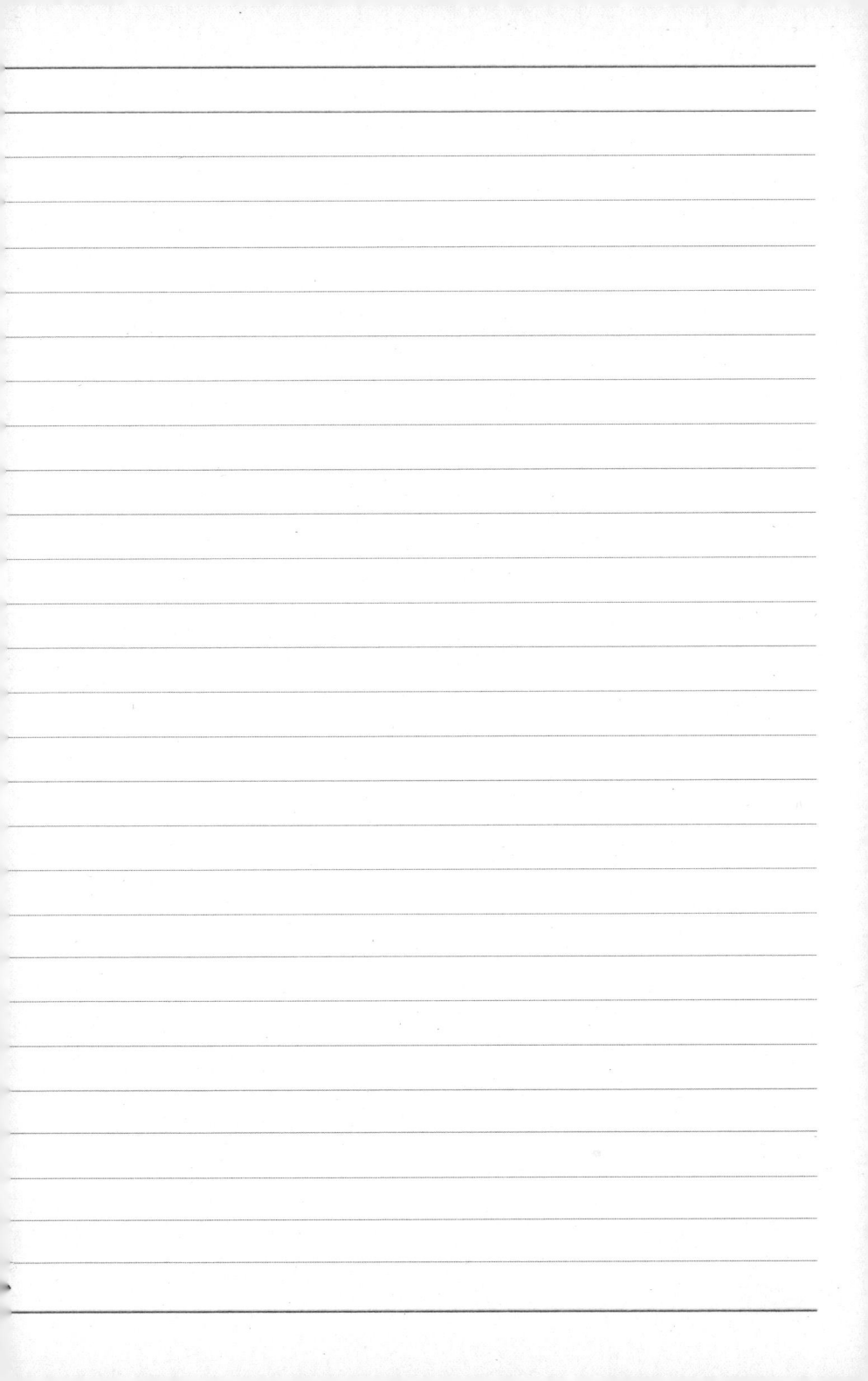

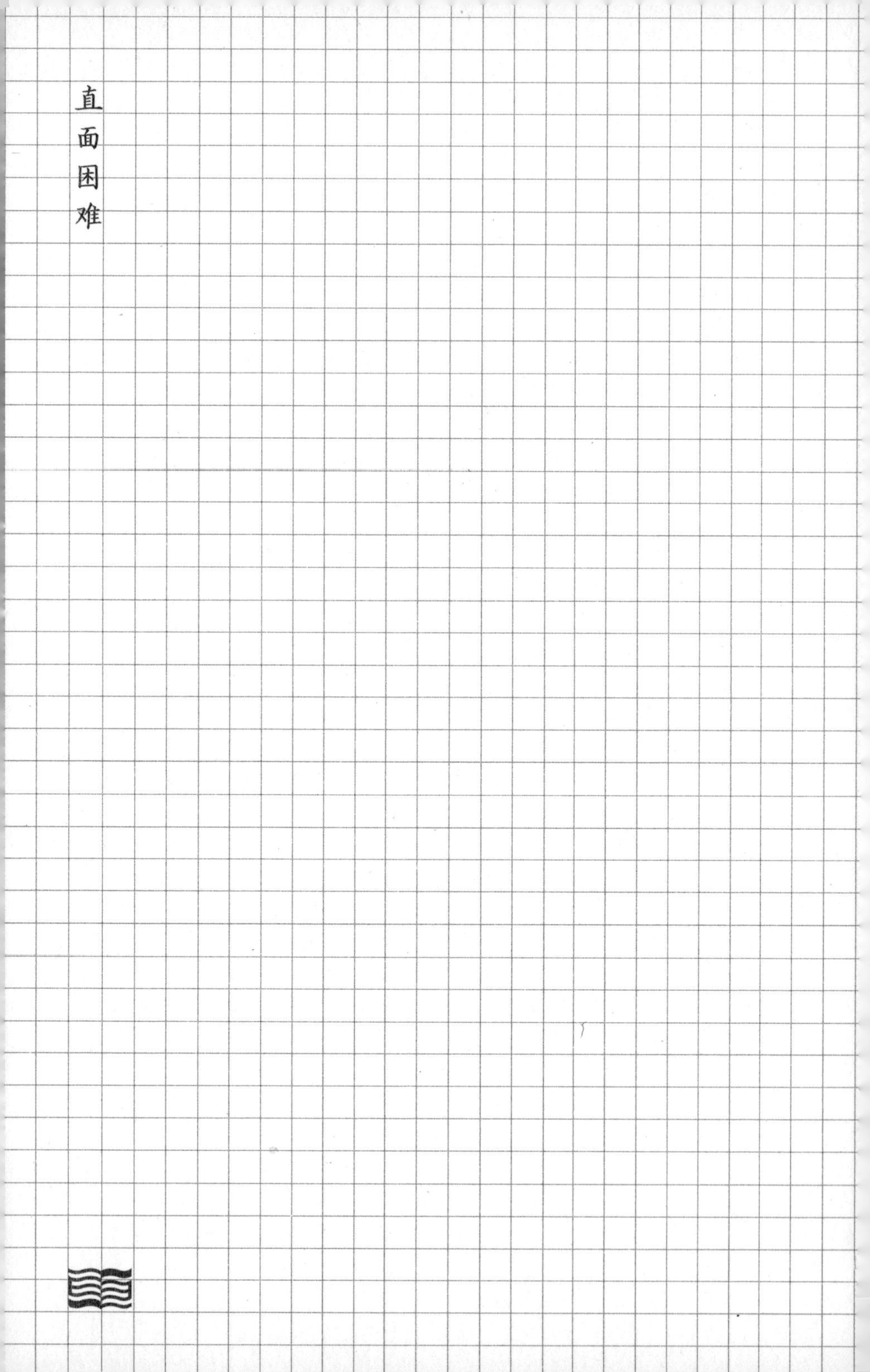
直面困难

n Tue Wed Thu Fri Sat Sun

Feb Mar Apr May Jun Jul Aug Sep Oct Nov Dec

02 03 04 05 06 07 08 09 10 11 12 13 14 15 16 17 18 19 20 21 22 23 24 25 26

28 29 30 31

改变所处的世界

13

Change the World You Live In

亏损企业即便与盈利企业以同样程度努力，前者所处的艰难状况依然无法改变。亏损企业需要一气呵成地开展改革。要努力实施削减成本，且其力度必须是盈利企业的数倍，从而飞跃般地提升价格竞争力，最终迅速追上盈利企业。要一气呵成、竭尽全力地开展改进活动，就如同改变所处的世界一般。这便是改变现状的要诀。

住む世界を変える

改变所处的世界

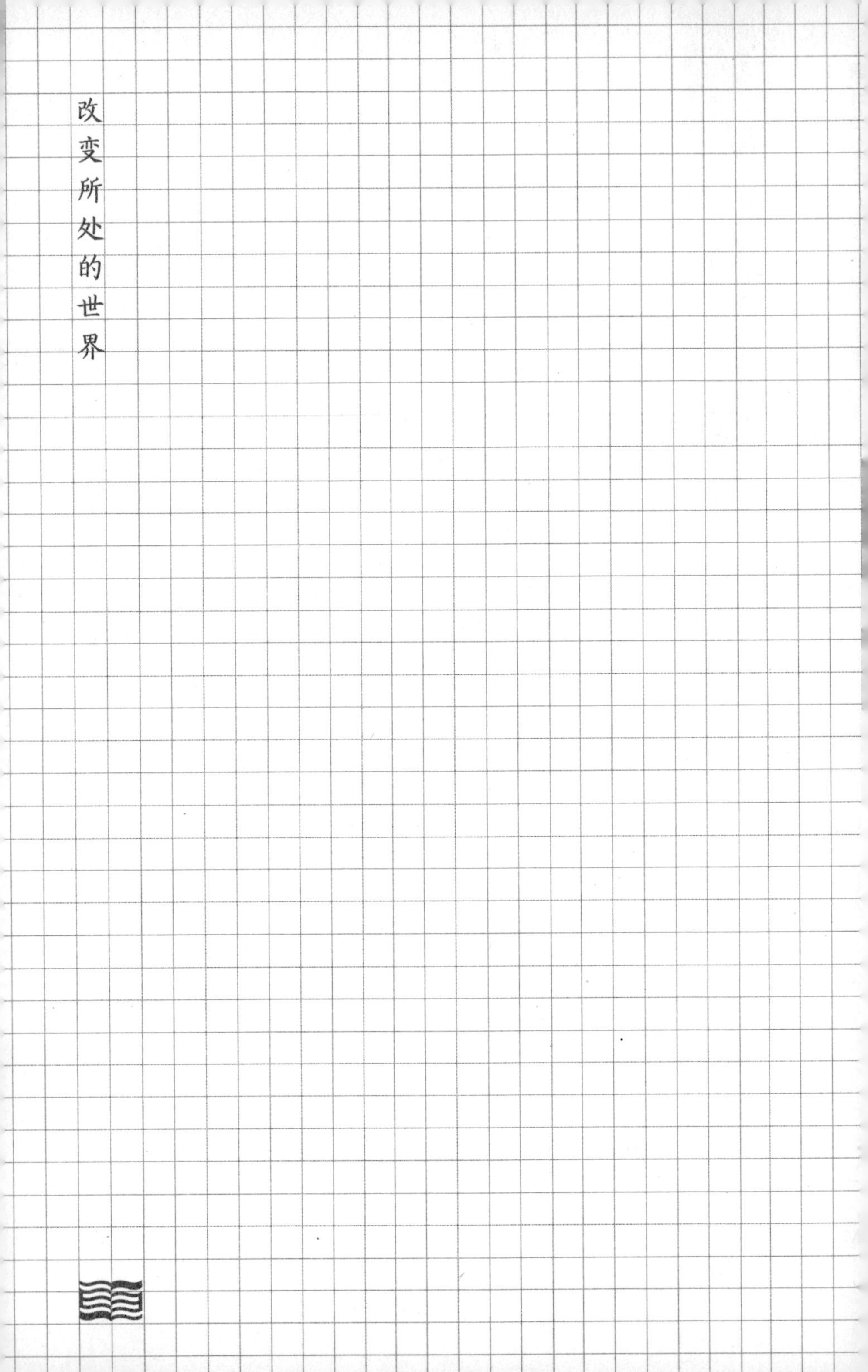

改变所处的世界

表
EDULE

MARY

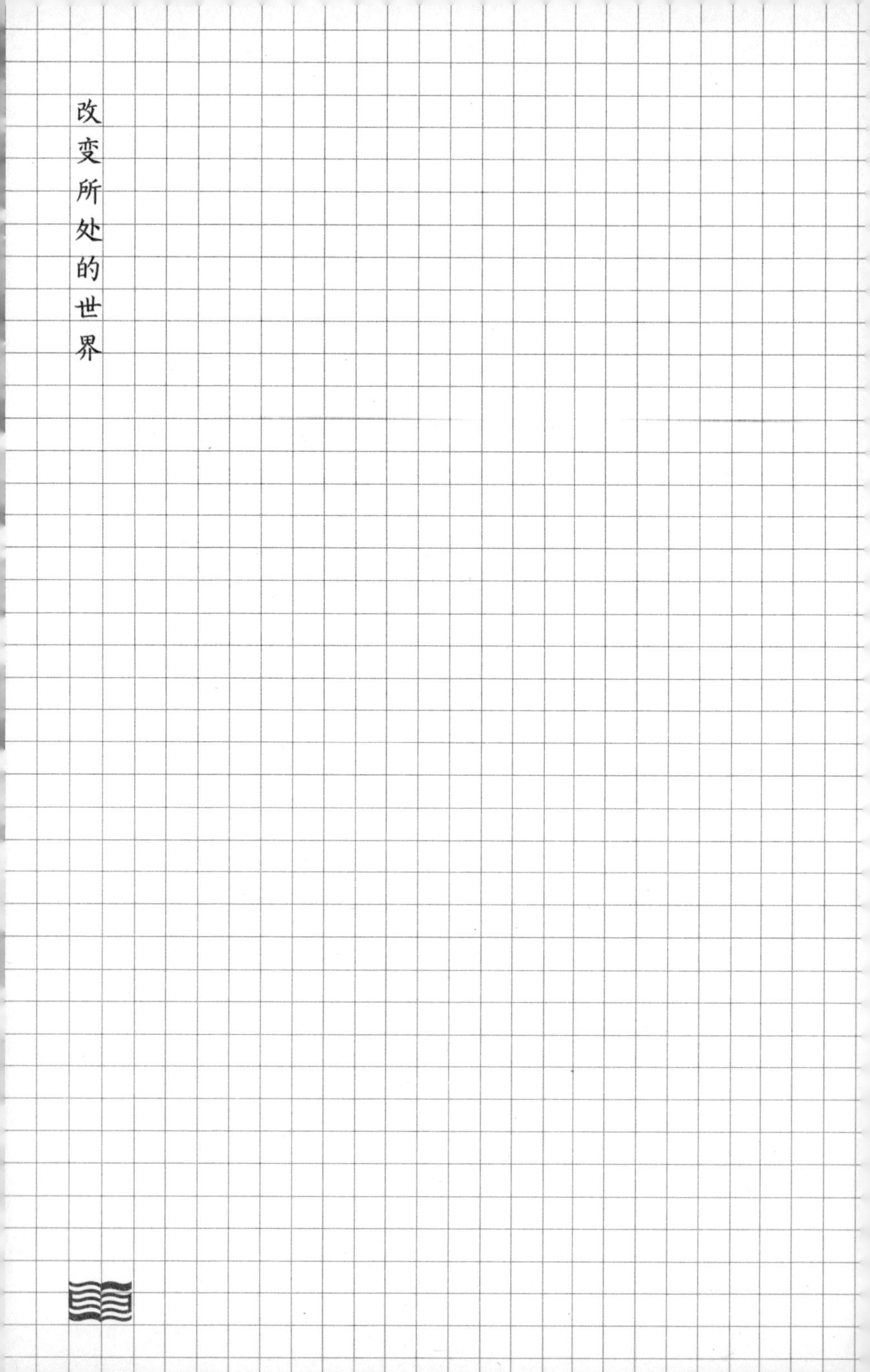

改变所处的世界

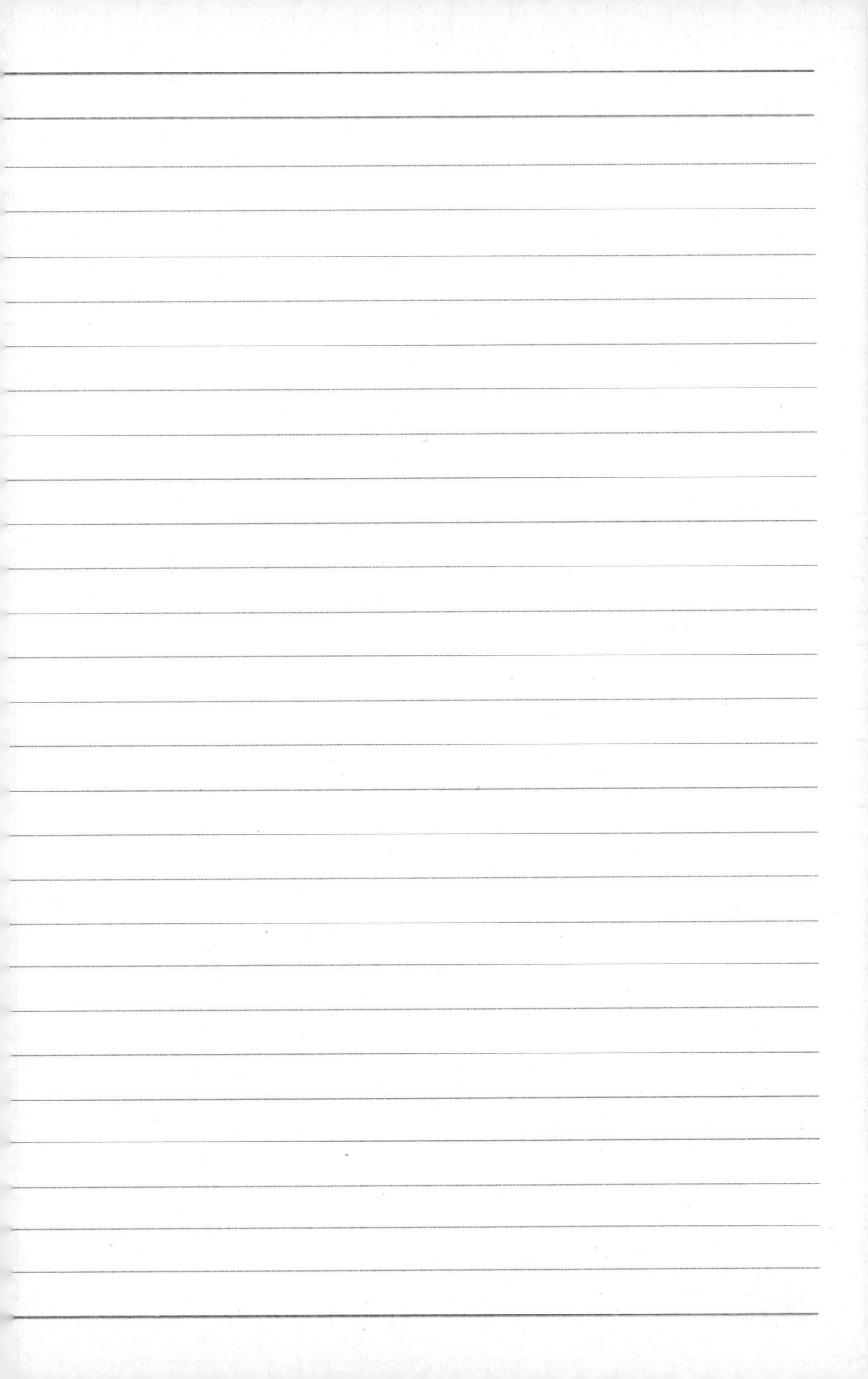

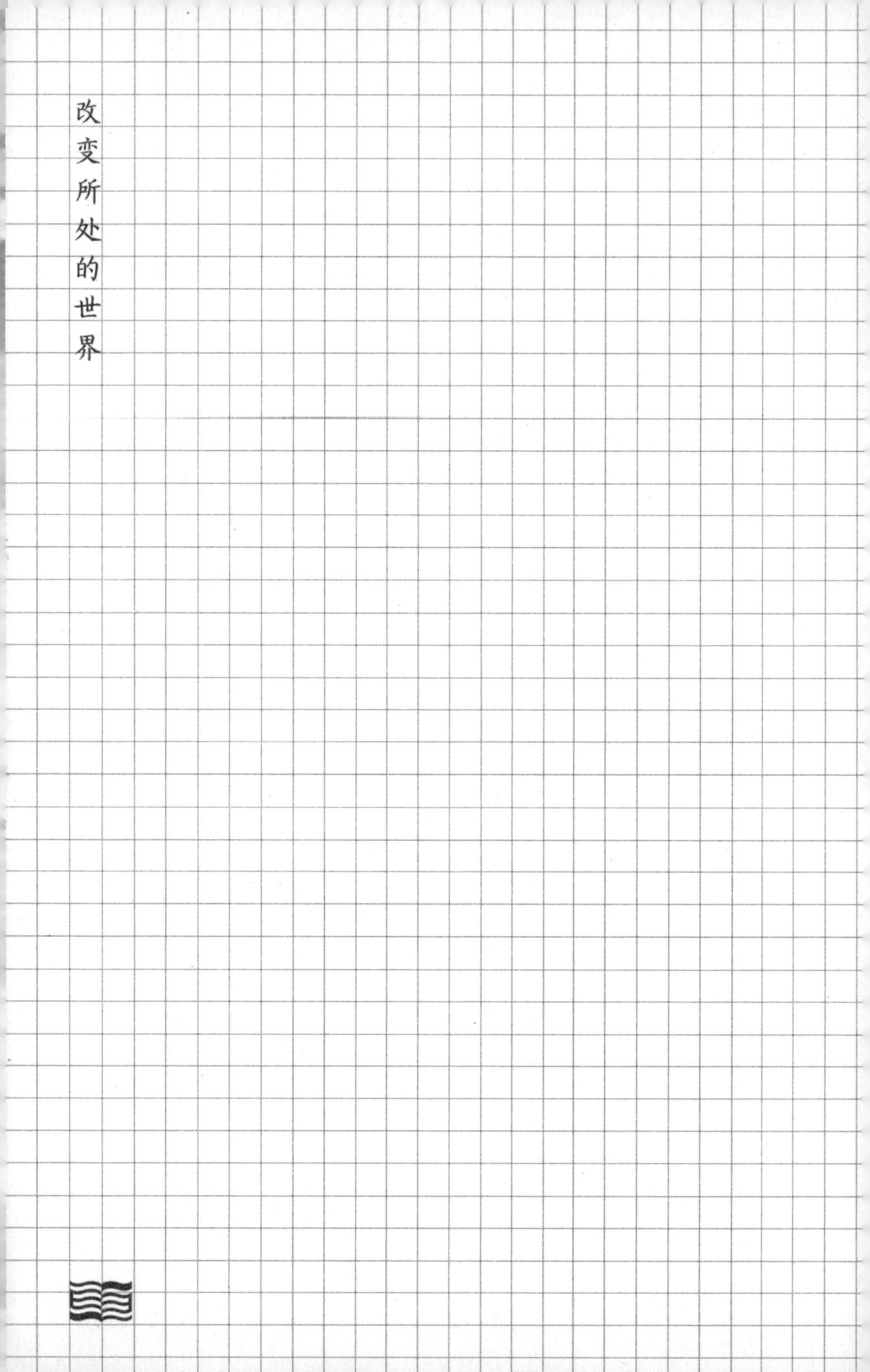
改变所处的世界

n Tue Wed Thu Fri Sat Sun

Feb Mar Apr May Jun Jul Aug Sep Oct Nov Dec

)2 03 04 05 06 07 08 09 10 11 12 13 14 15 16 17 18 19 20 21 22 23 24 25 26

28 29 30 31

梦想必定能实现

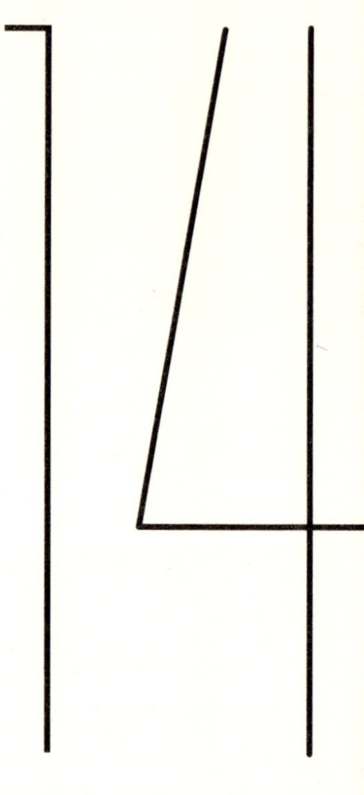

Envisioning a Goal Is the Key to Making It Happen

要想成事，就必须心怀强烈的意愿。不仅是想，而要抱有直至潜意识的强烈意愿。如能进一步，让这份意愿美丽而纯粹，便能产生更大的能量，其通往实现之路也会更加开阔。

思いは必ず実現する

梦想必定能实现

梦想必定能实现

表
EDULE

MARY

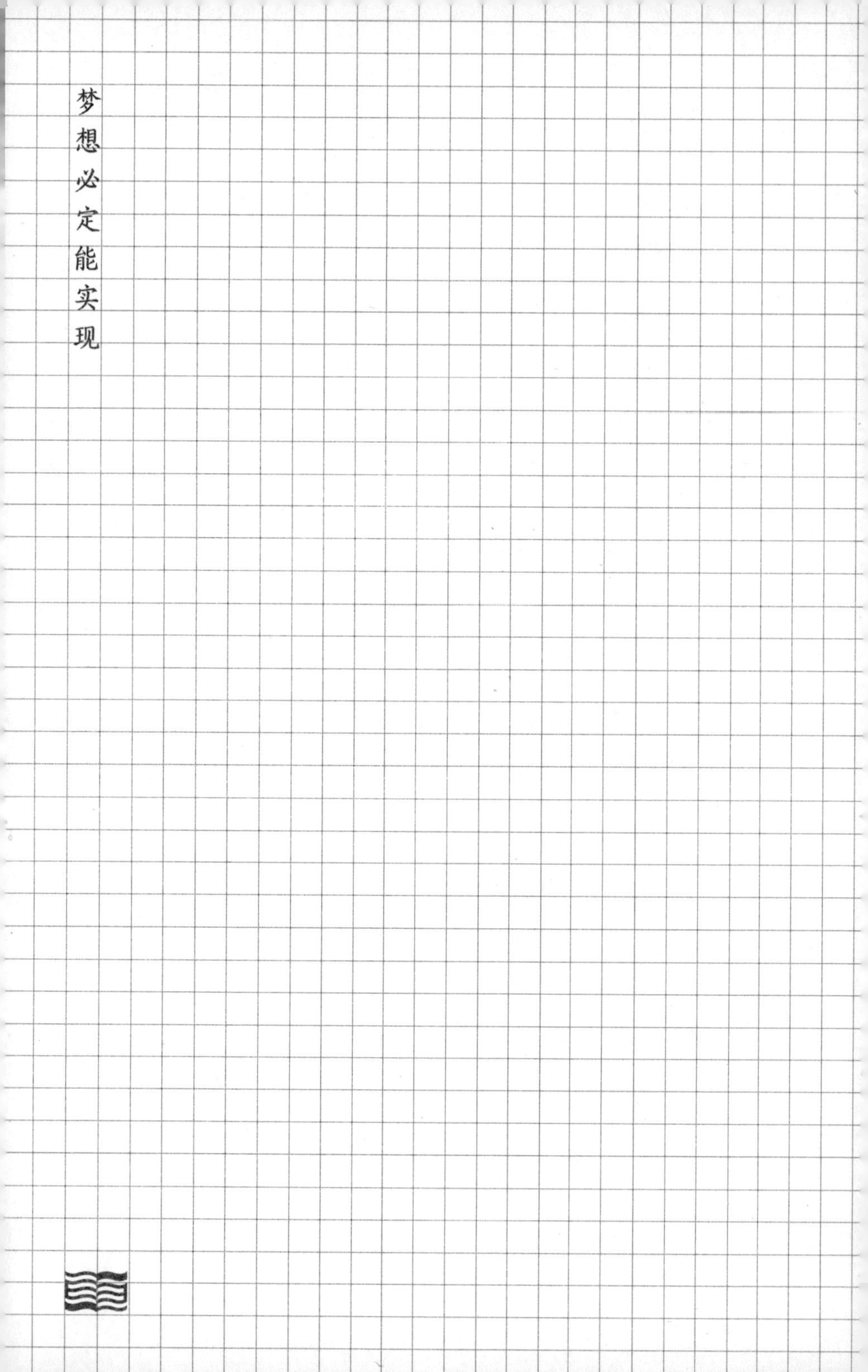
梦想必定能实现

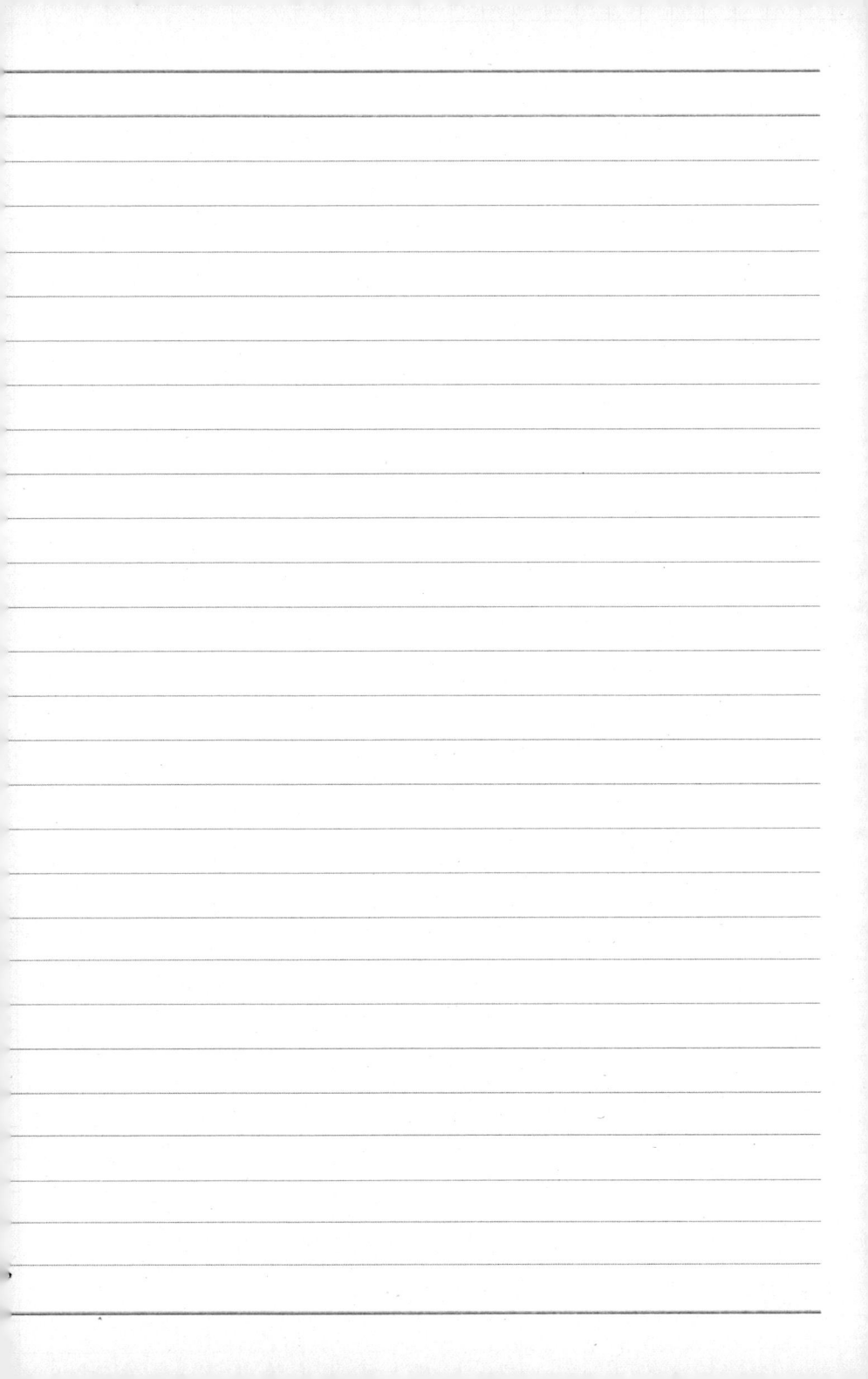

梦想必定能实现

n Tue Wed Thu Fri Sat Sun

Feb Mar Apr May Jun Jul Aug Sep Oct Nov Dec

)2 03 04 05 06 07 08 09 10 11 12 13 14 15 16 17 18 19 20 21 22 23 24 25 26

28 29 30 31

坚持正确的为人之道

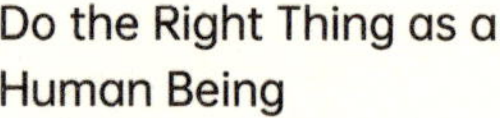

Do the Right Thing as a Human Being

必须常常思考“作为人，何谓正确?”。幼时学的基本伦理观，如“莫贪心”“莫妄语”“应正直”等等，都是每个人应遵循的简单教诲。要以它们为准绳，坚持正确之事，实践正确之举，便能实现人生的幸福和企业的发展。

人間として正しいことを貫く

坚持正确的为人之道

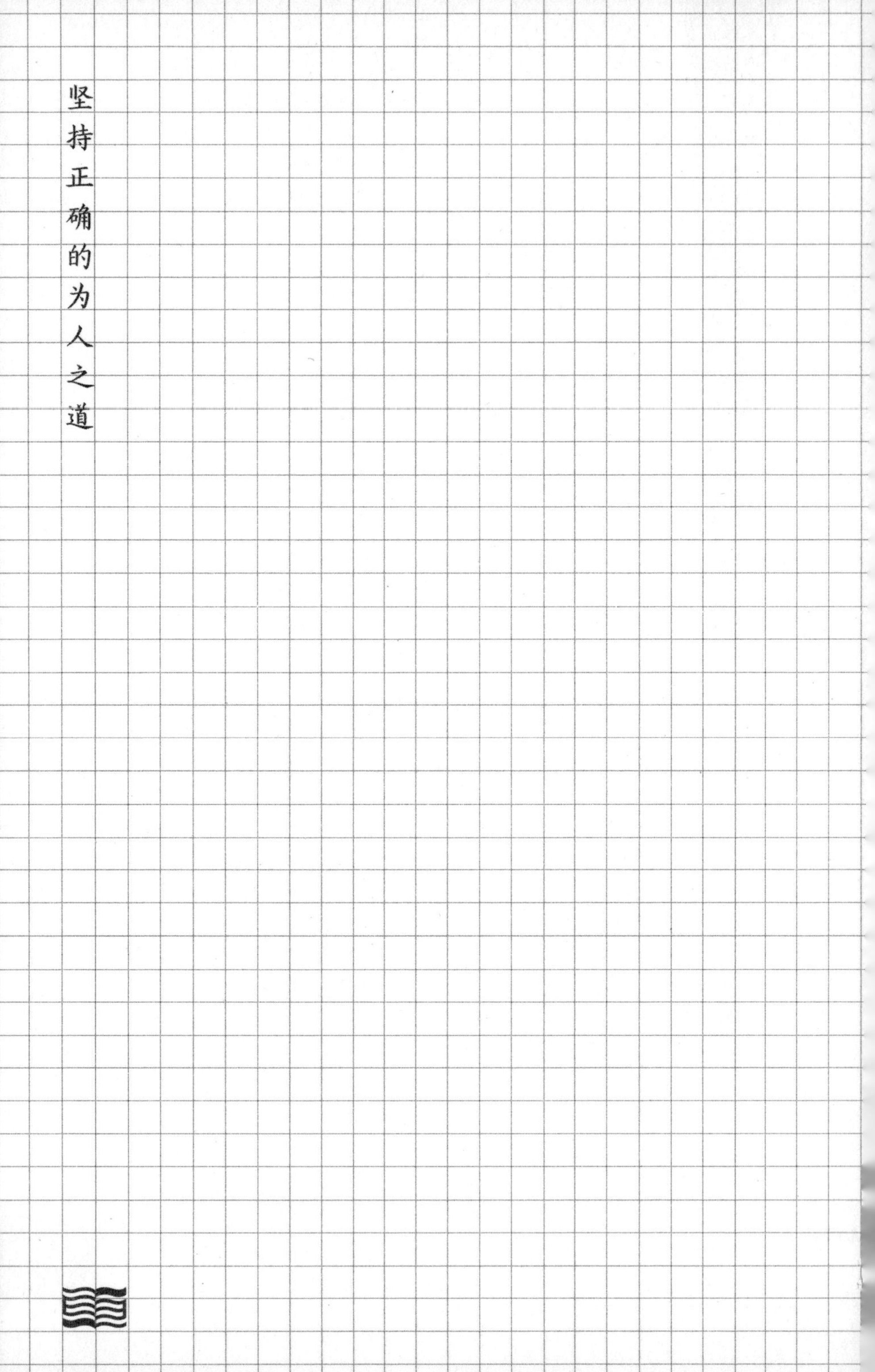
坚持正确的为人之道

表
EDULE

MARY

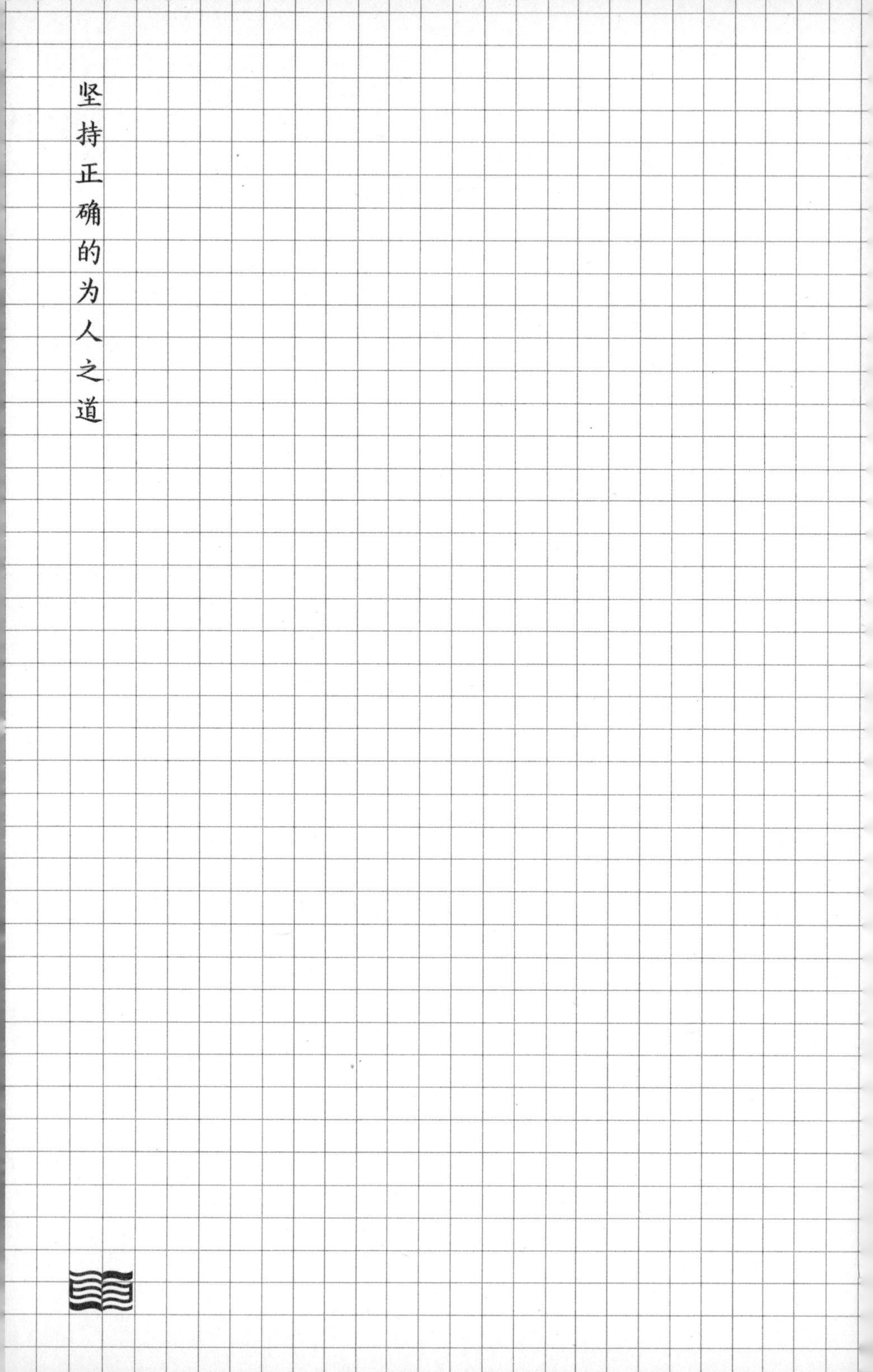

坚持正确的为人之道

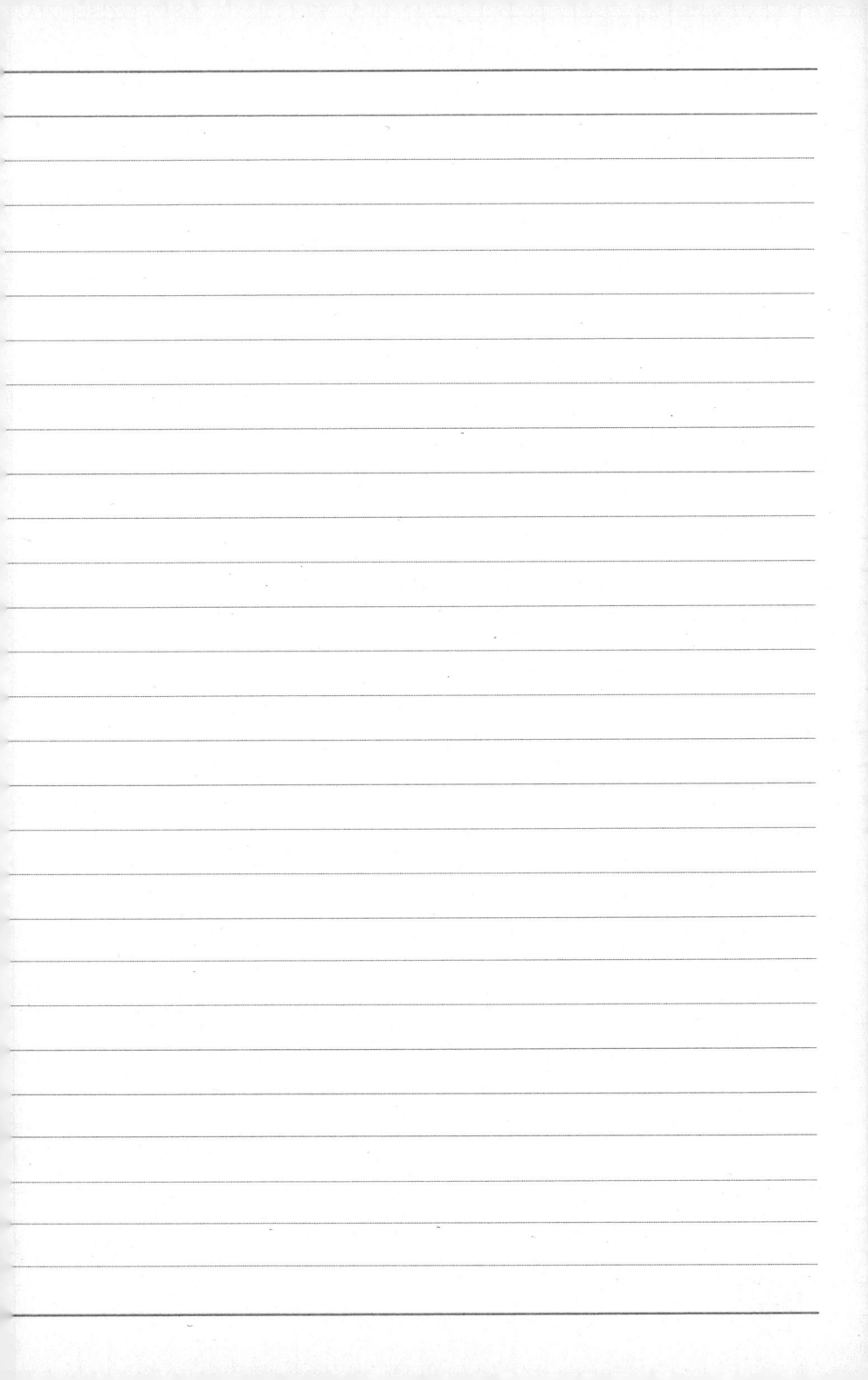

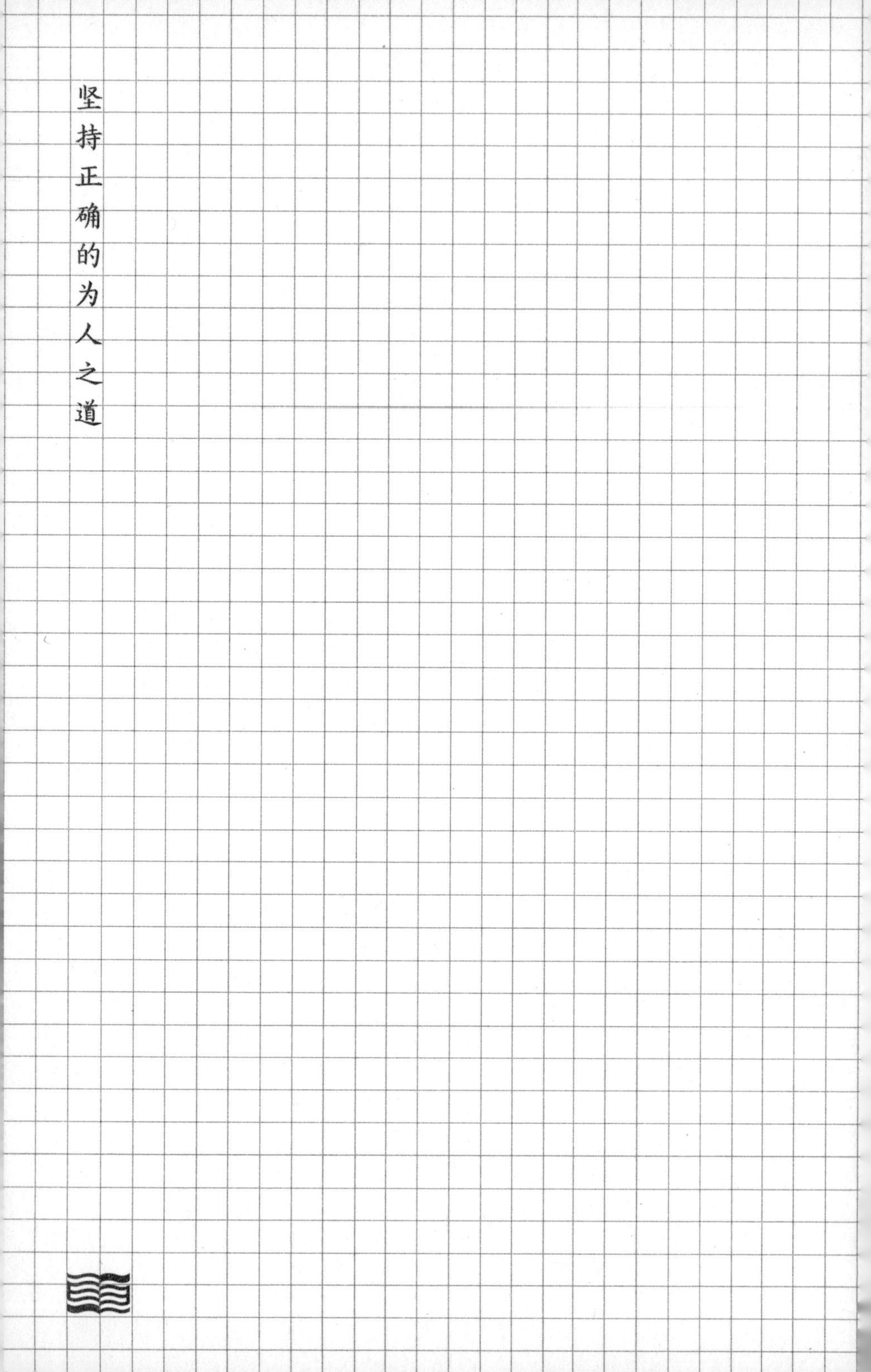

坚持正确的为人之道

n Tue Wed Thu Fri Sat Sun

Feb Mar Apr May Jun Jul Aug Sep Oct Nov Dec

02 03 04 05 06 07 08 09 10 11 12 13 14 15 16 17 18 19 20 21 22 23 24 25 26

28 29 30 31

刻苦钻研，不断改进，精益求精

Innovate and Improve Continuously

无论做何事，每日不起眼的勤恳积累固然重要，但若只是茫然为之，则无意义。在持续的过程中，不可忘记钻研求精，发挥创意。即便只做一件事，也要抱着“明天要优于今天”“后天要优于明天”的精神，不断改良改进。如此一来，不但能取得伟大成就，还能将平凡之人变得不凡。

継続に創意工夫を加える

刻苦钻研，不断改进，精益求精

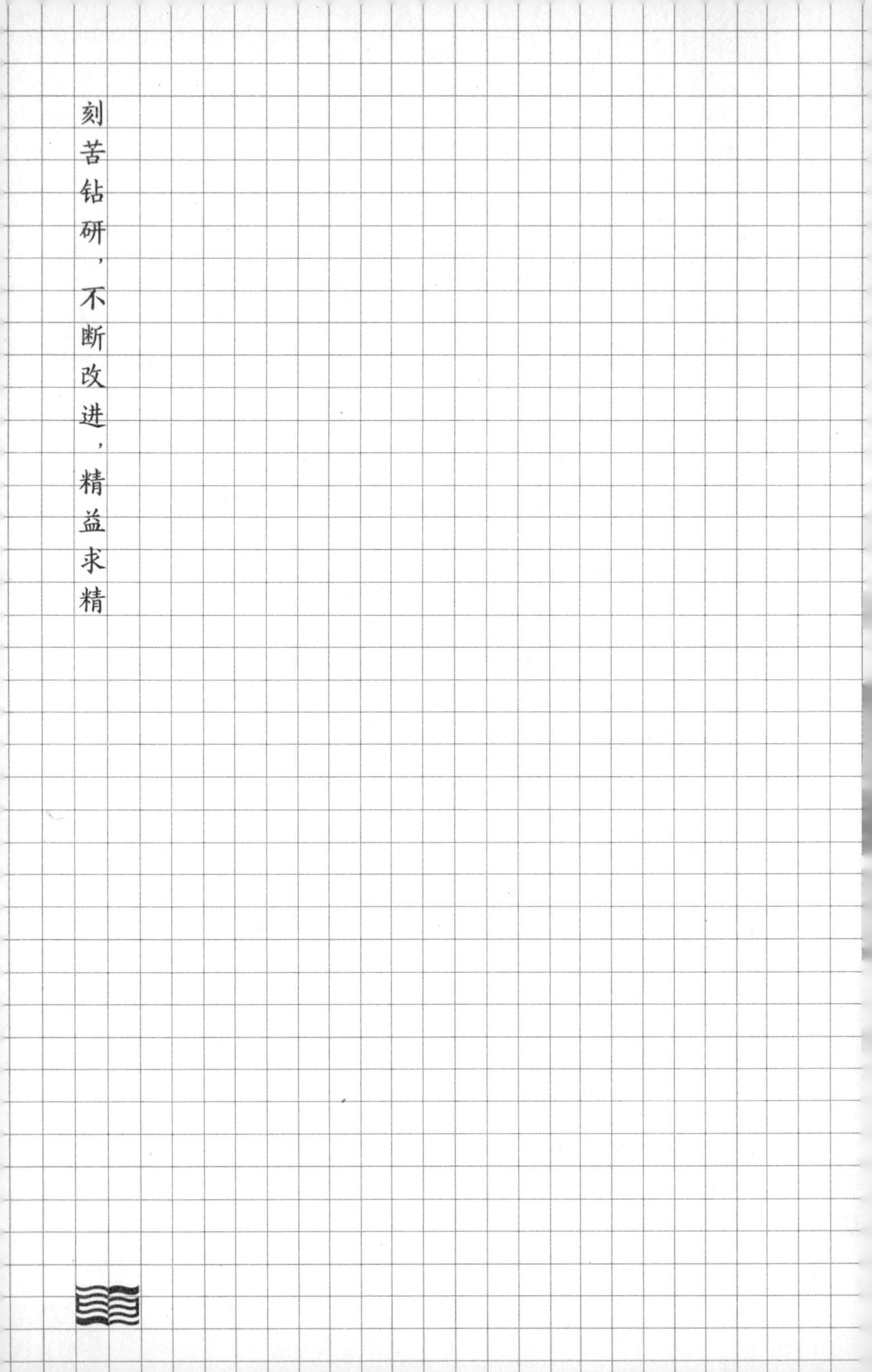

刻苦钻研，不断改进，精益求精

表
EDULE

MARY

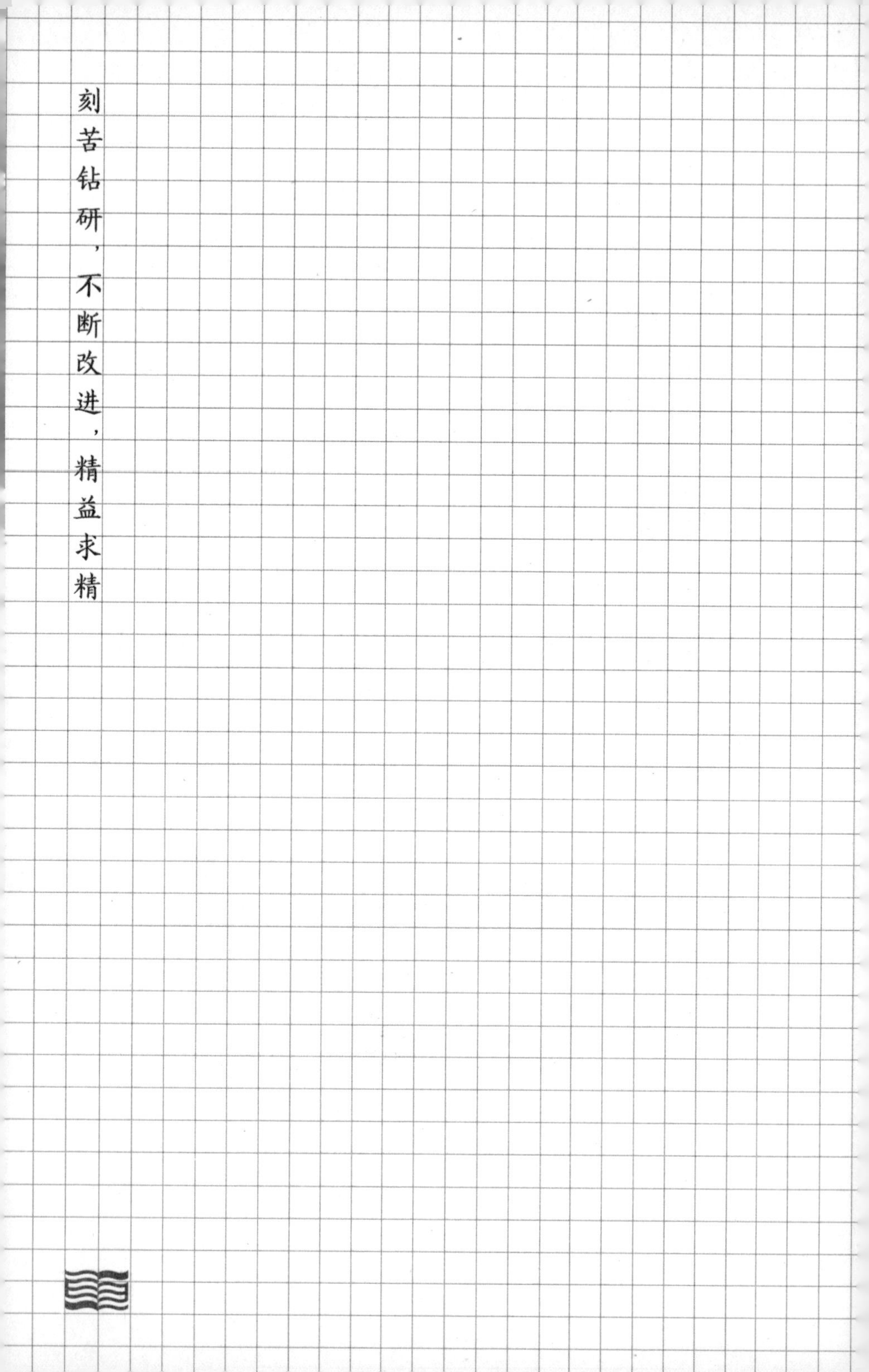

刻苦钻研，不断改进，精益求精

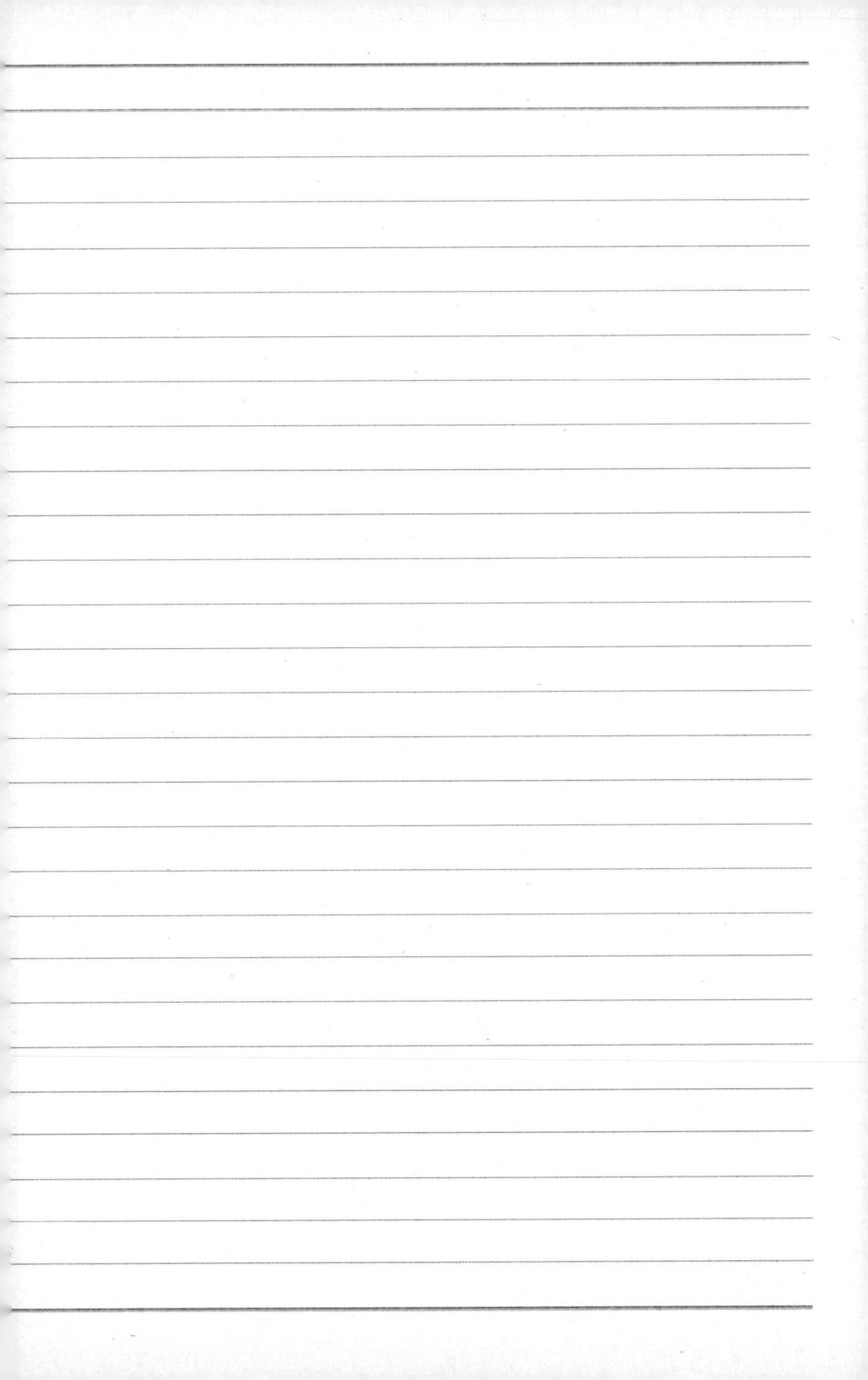

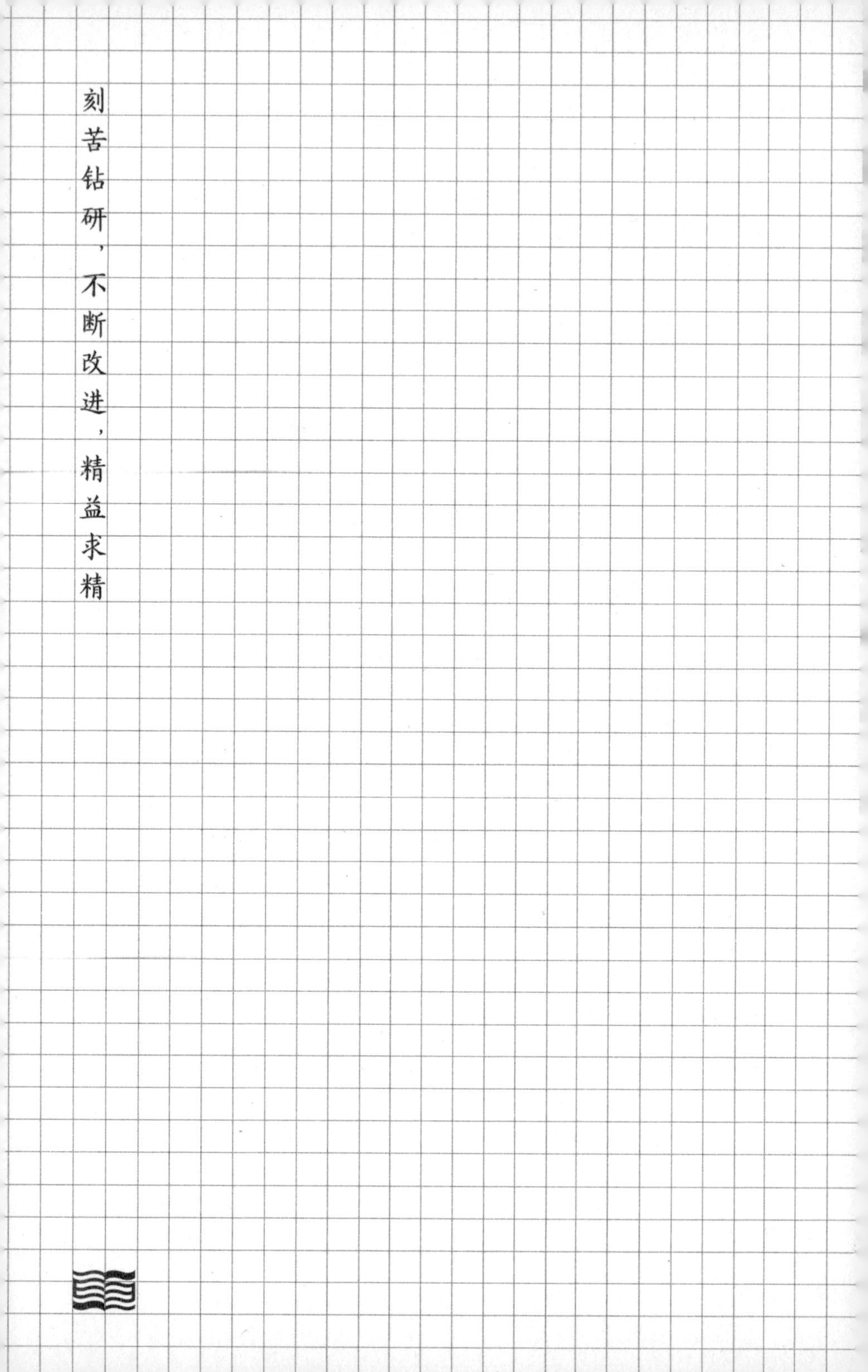

刻苦钻研，不断改进，精益求精

n Tue Wed Thu Fri Sat Sun

Feb Mar Apr May Jun Jul Aug Sep Oct Nov Dec

02 03 04 05 06 07 08 09 10 11 12 13 14 15 16 17 18 19 20 21 22 23 24 25 26

28 29 30 31

提高心性，拓展经营

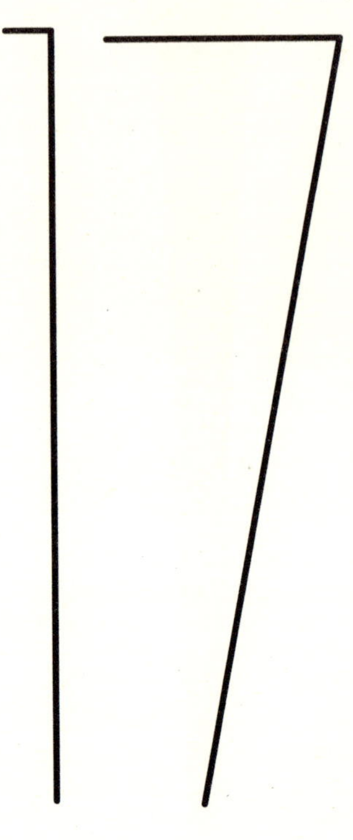

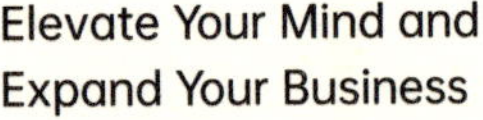

Elevate Your Mind and Expand Your Business

要想拓展经营，首先必须提高自身的心性。因为在做出经营判断时，其基准是心中的坐标轴。一旦坐标维度低，则会判断失误。而通过磨砺心灵、提升人格，便能一直做出正确判断，实现企业可持续的成长和发展。

心を高める、経営を伸ばす

提高心性，拓展经营

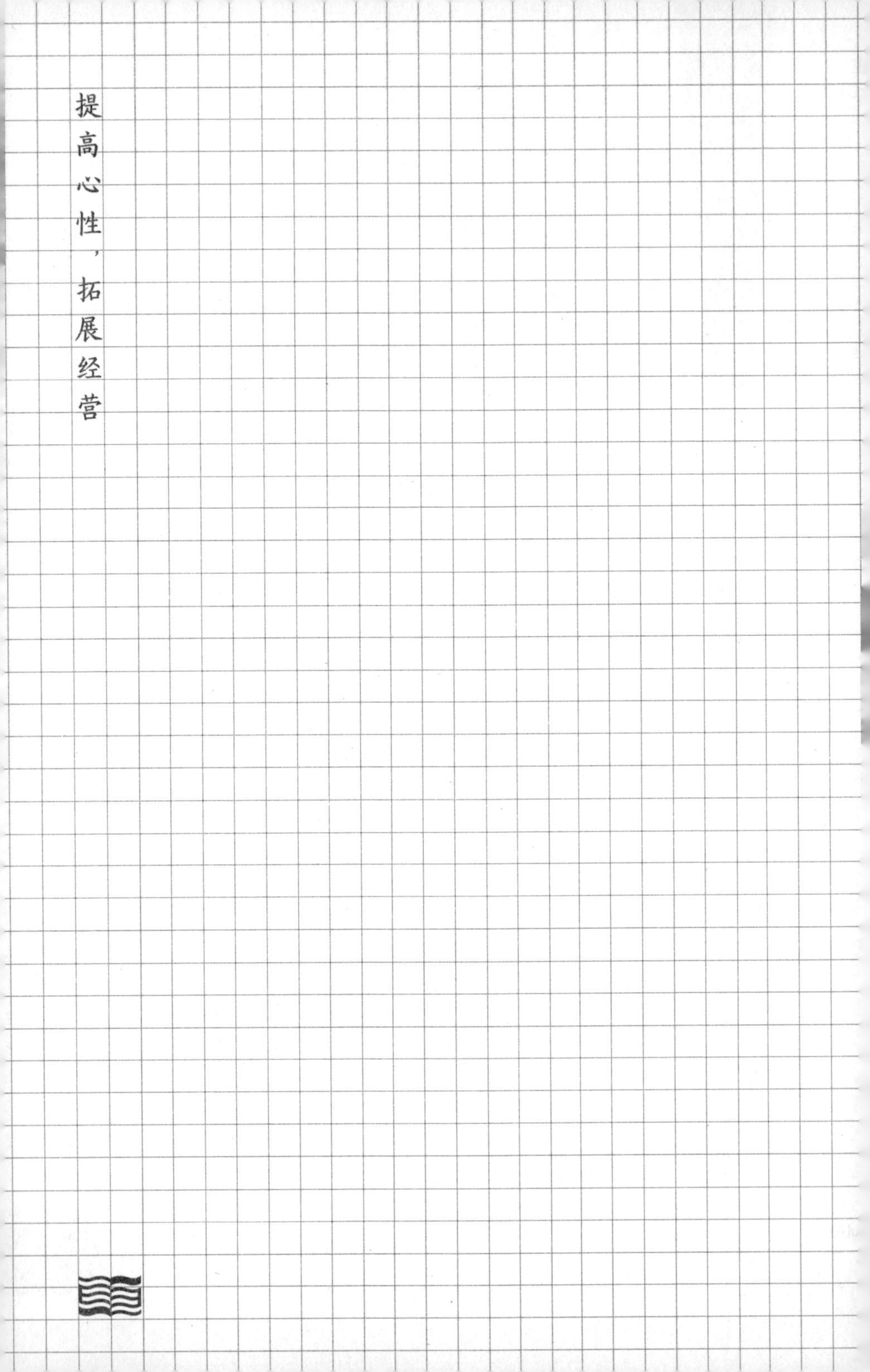

提高心性，拓展经营

表
EDULE

MARY

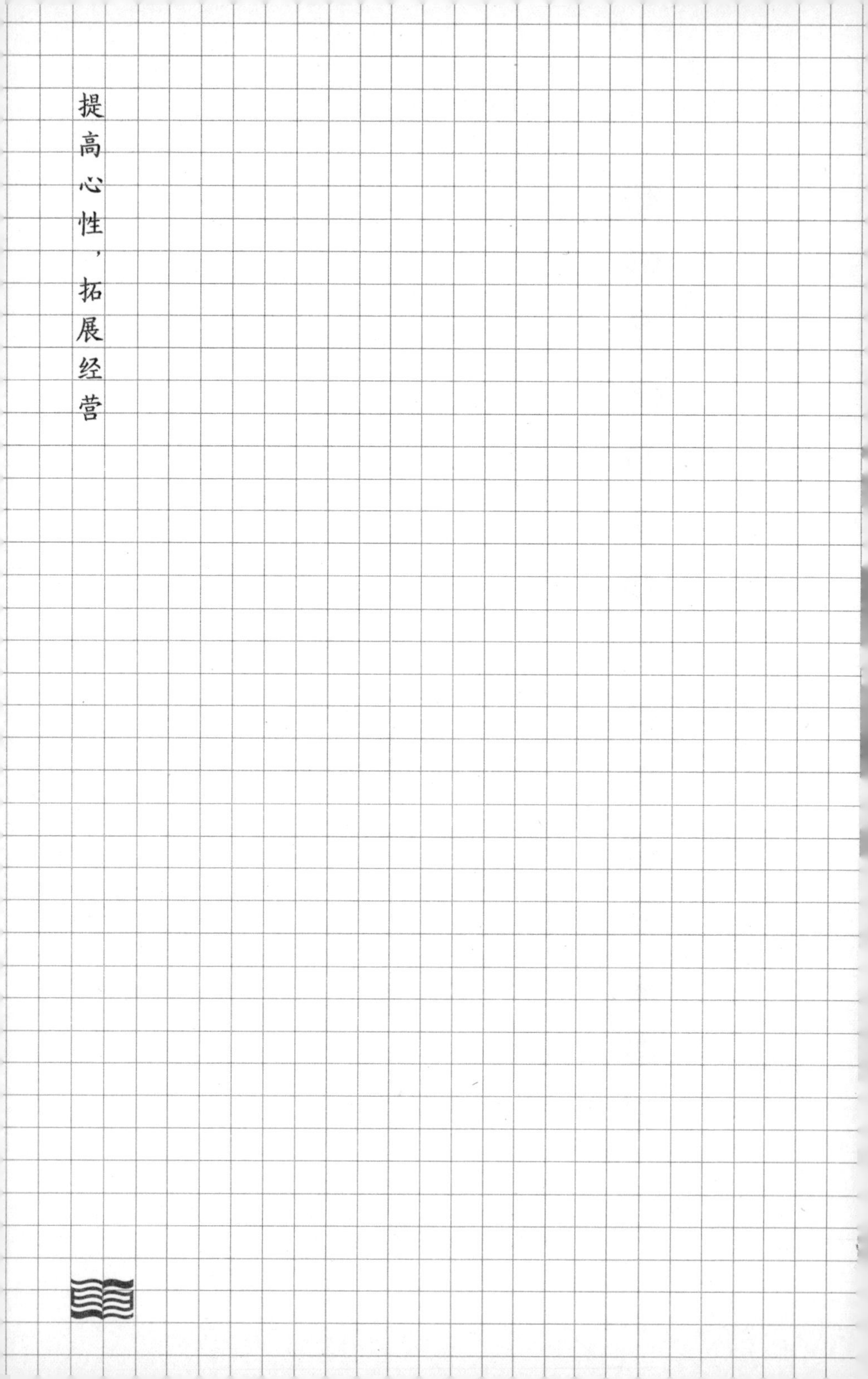

提高心性，拓展经营

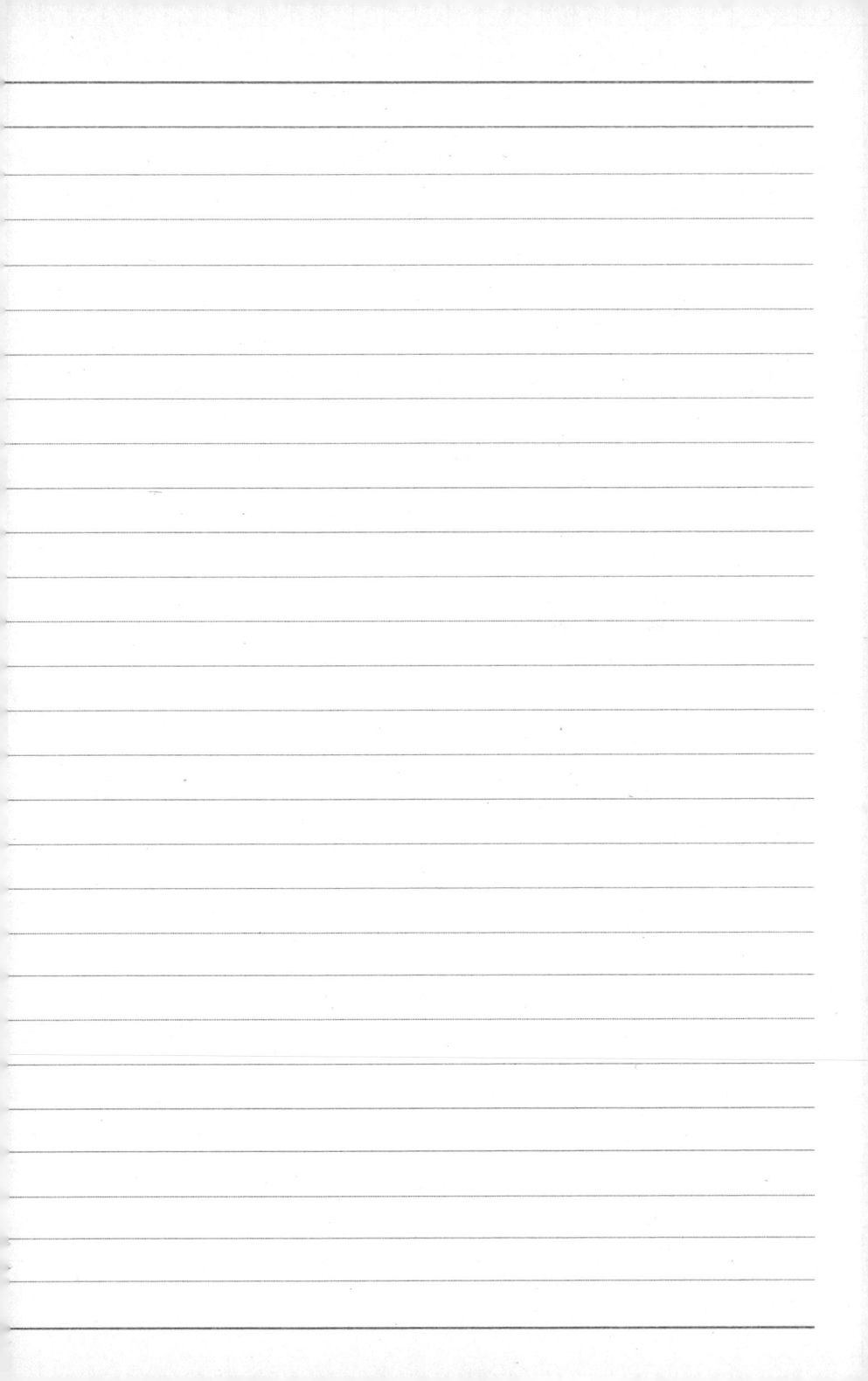

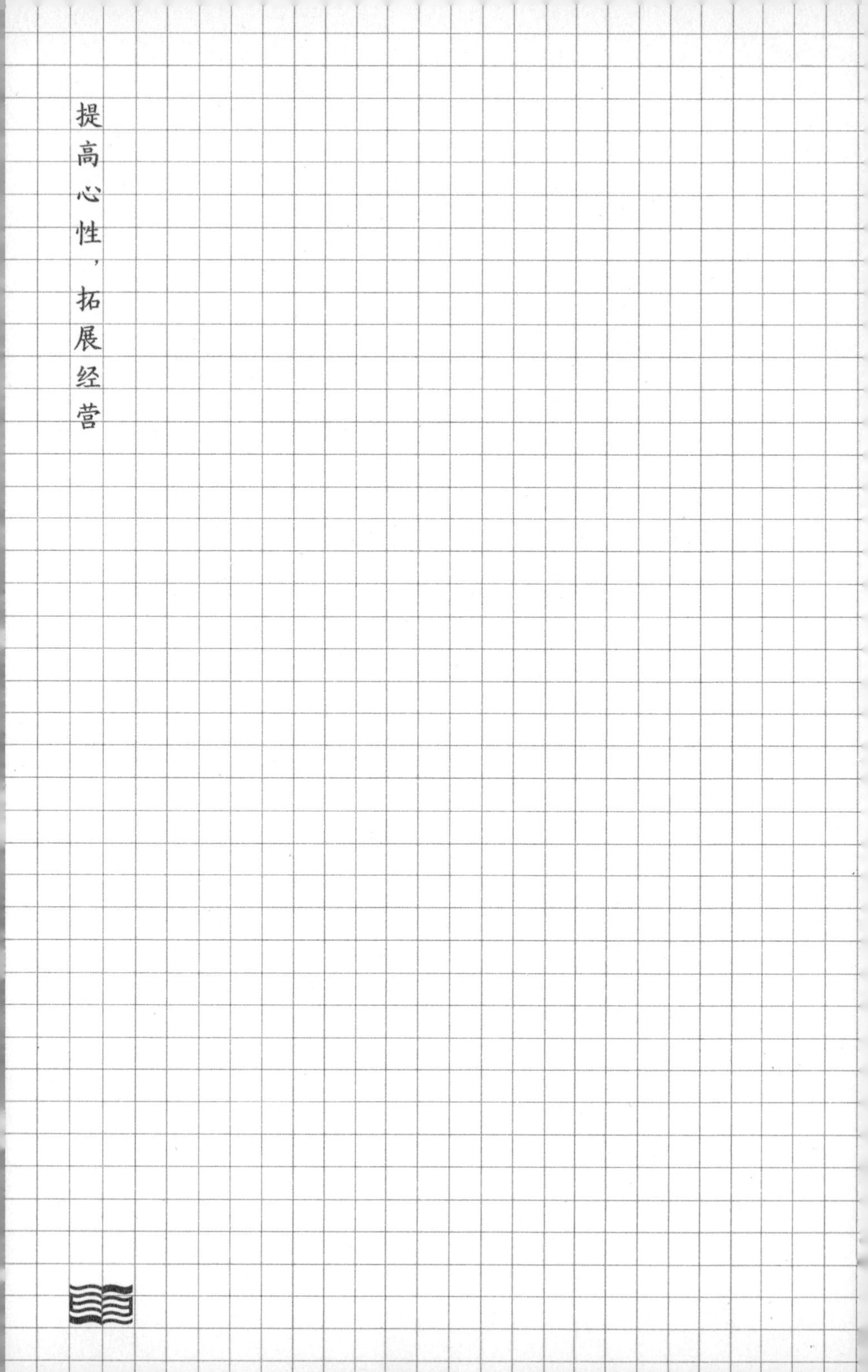

提高心性，拓展经营

n Tue Wed Thu Fri Sat Sun

Feb Mar Apr May Jun Jul Aug Sep Oct Nov Dec

02 03 04 05 06 07 08 09 10 11 12 13 14 15 16 17 18 19 20 21 22 23 24 25 26

28 29 30 31

要谦虚，不要骄傲，再接再厉

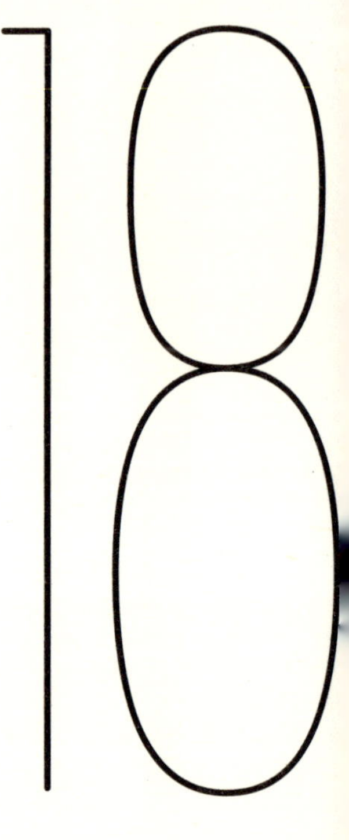

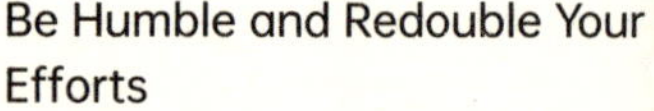

Be Humble and Redouble Your Efforts

人和组织在获得发展后，便会在不知不觉中骄傲自满、麻痹大意。这种陷阱会导致由盛转衰。今日的发展是过去努力的结果，而将来需要今后的努力去开拓。要想繁荣永续，就必须时刻三省吾身，提醒自己莫忘谦虚，并进一步持续努力。

謙虚にして驕らず、さらに努力を

要谦虚，不要骄傲，再接再厉

要谦虚，不要骄傲，再接再厉

DULE

MARY

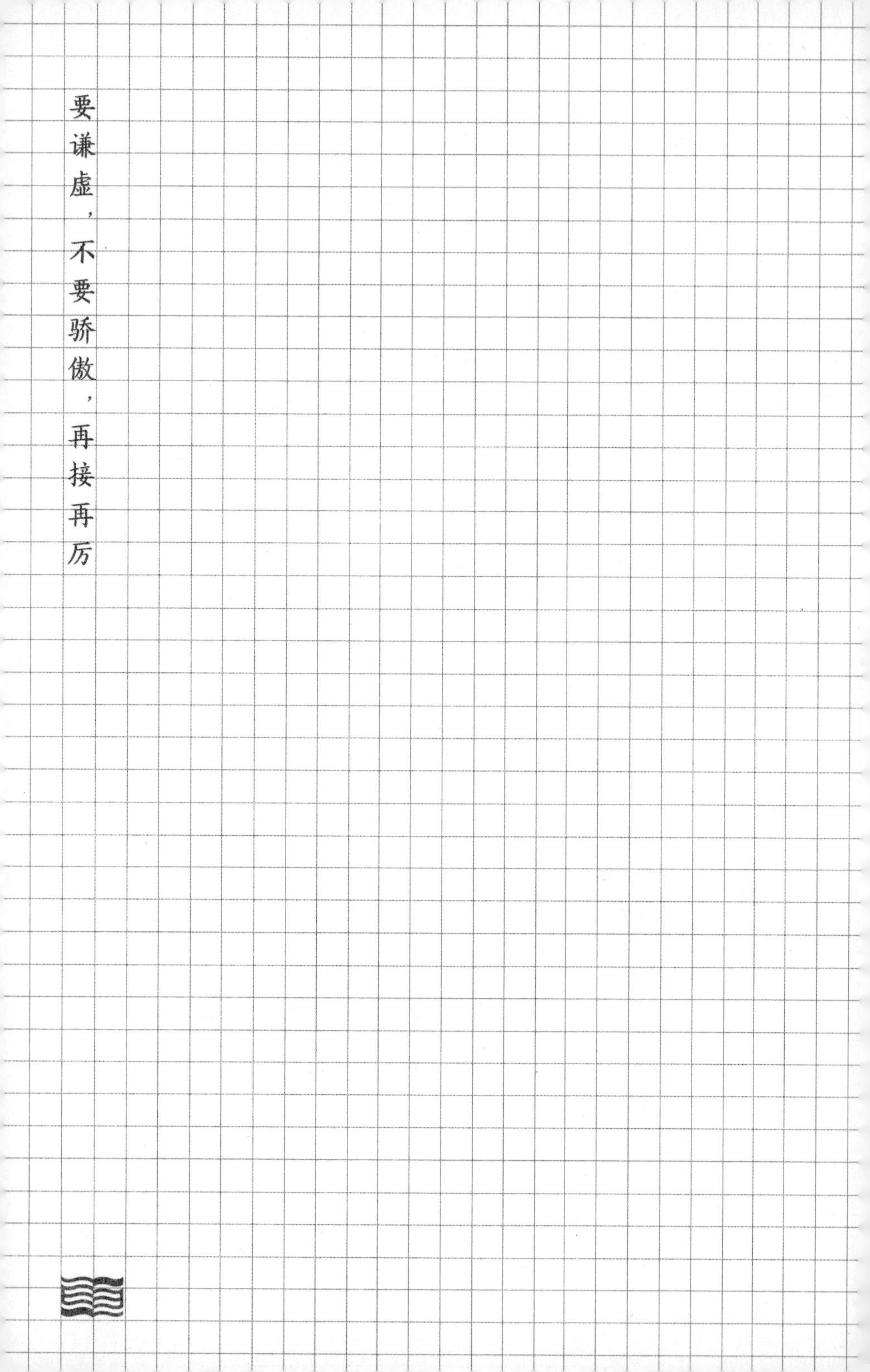

要谦虚，不要骄傲，再接再厉

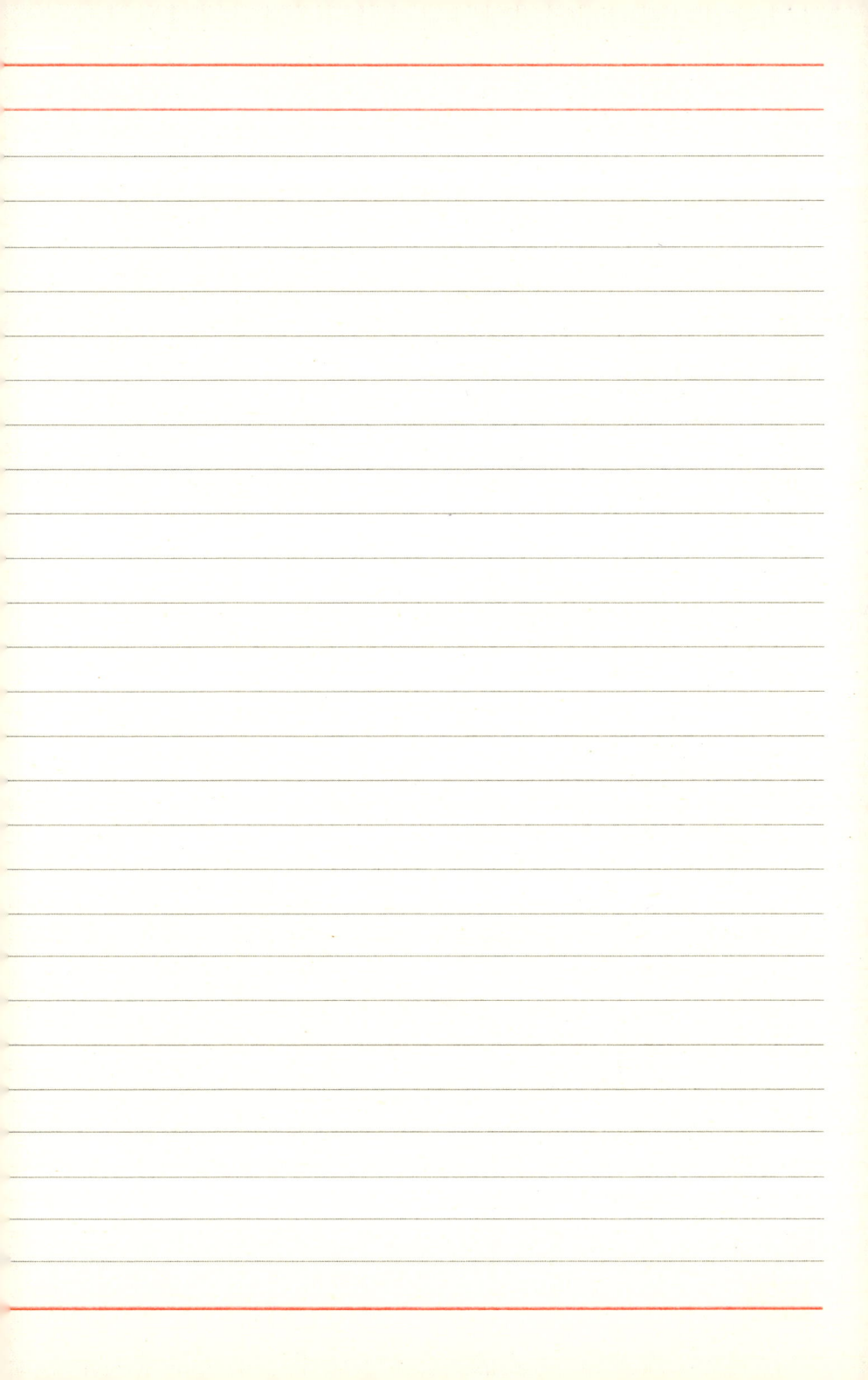

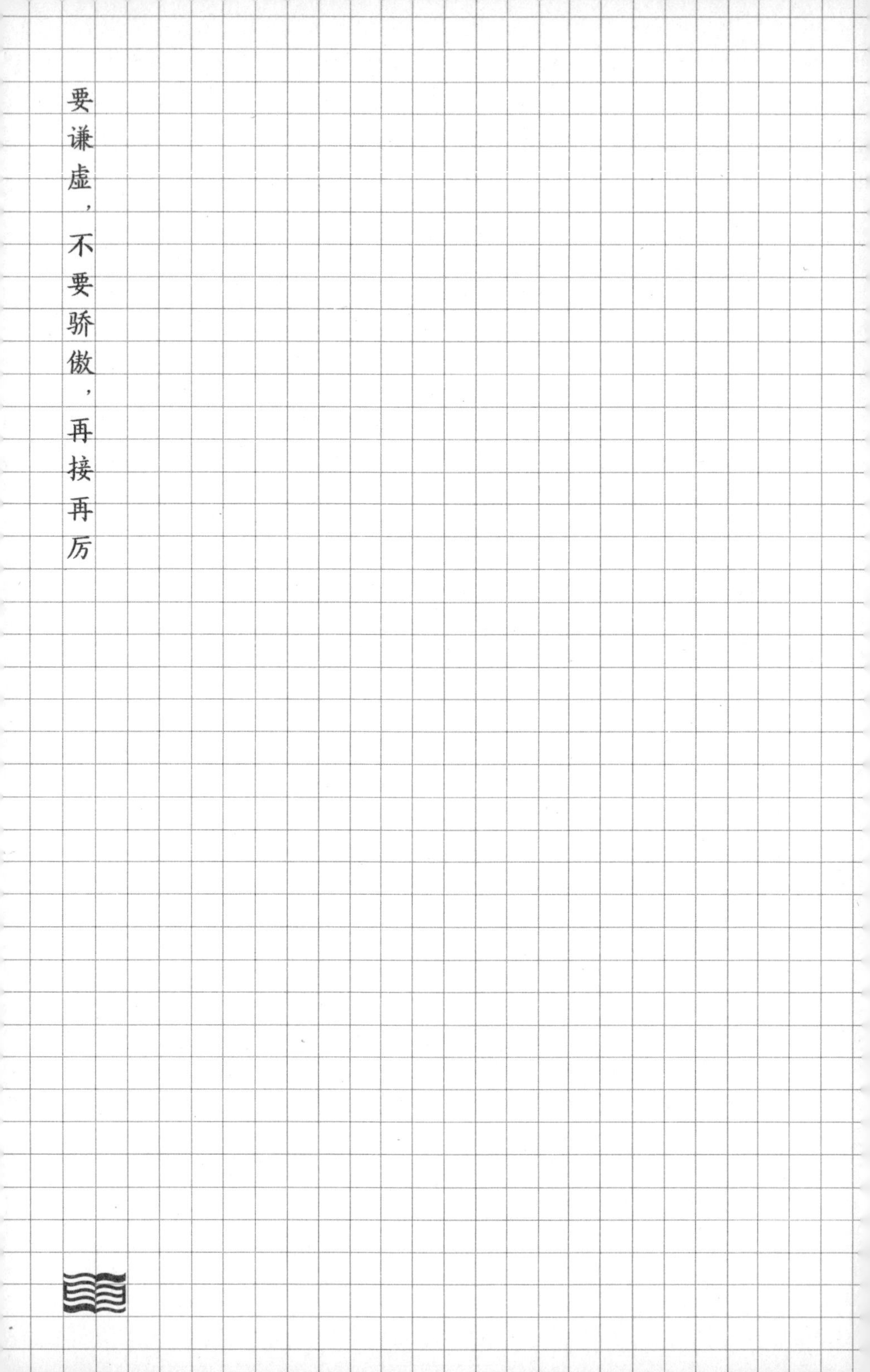

要谦虚，不要骄傲，再接再厉

n Tue Wed Thu Fri Sat Sun

Feb Mar Apr May Jun Jul Aug Sep Oct Nov Dec

02 03 04 05 06 07 08 09 10 11 12 13 14 15 16 17 18 19 20 21 22 23 24 25 26

28 29 30 31

构筑信赖关系取决于自己的内心

Trustworthiness Comes From Within

若想拥有能够信赖的伙伴，自己必须先取得对方的信赖。人际关系如自身“心镜”的映像。要不断自问自答，反省自己的内心是否值得对方信赖，并不断提高心性。对于信赖，不应向外求，而应向内求。

信頼は自らの内に築く

构筑信赖关系取决于自己的内心

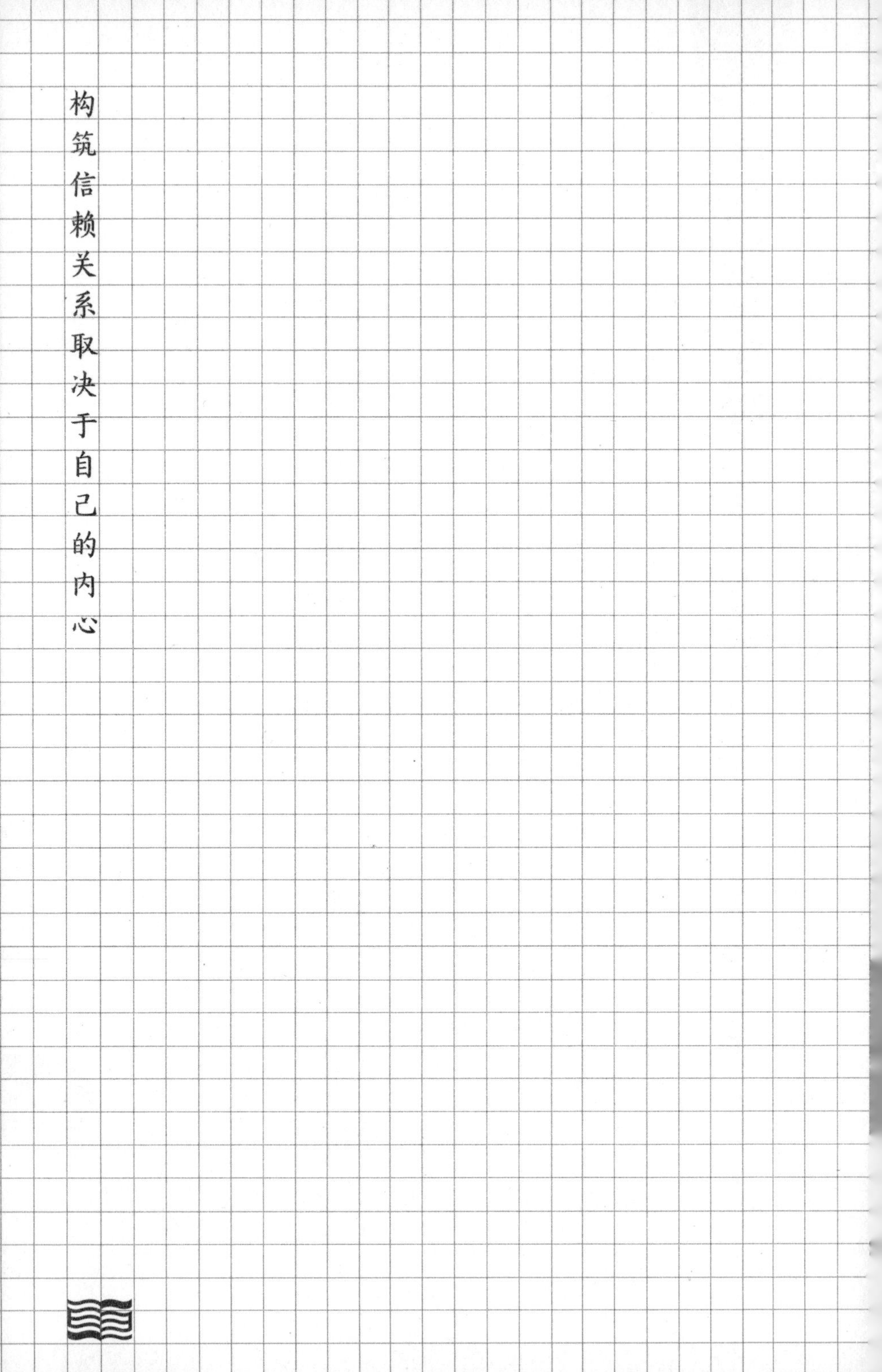
构筑信赖关系取决于自己的内心

表
EDULE

MARY

构筑信赖关系取决于自己的内心

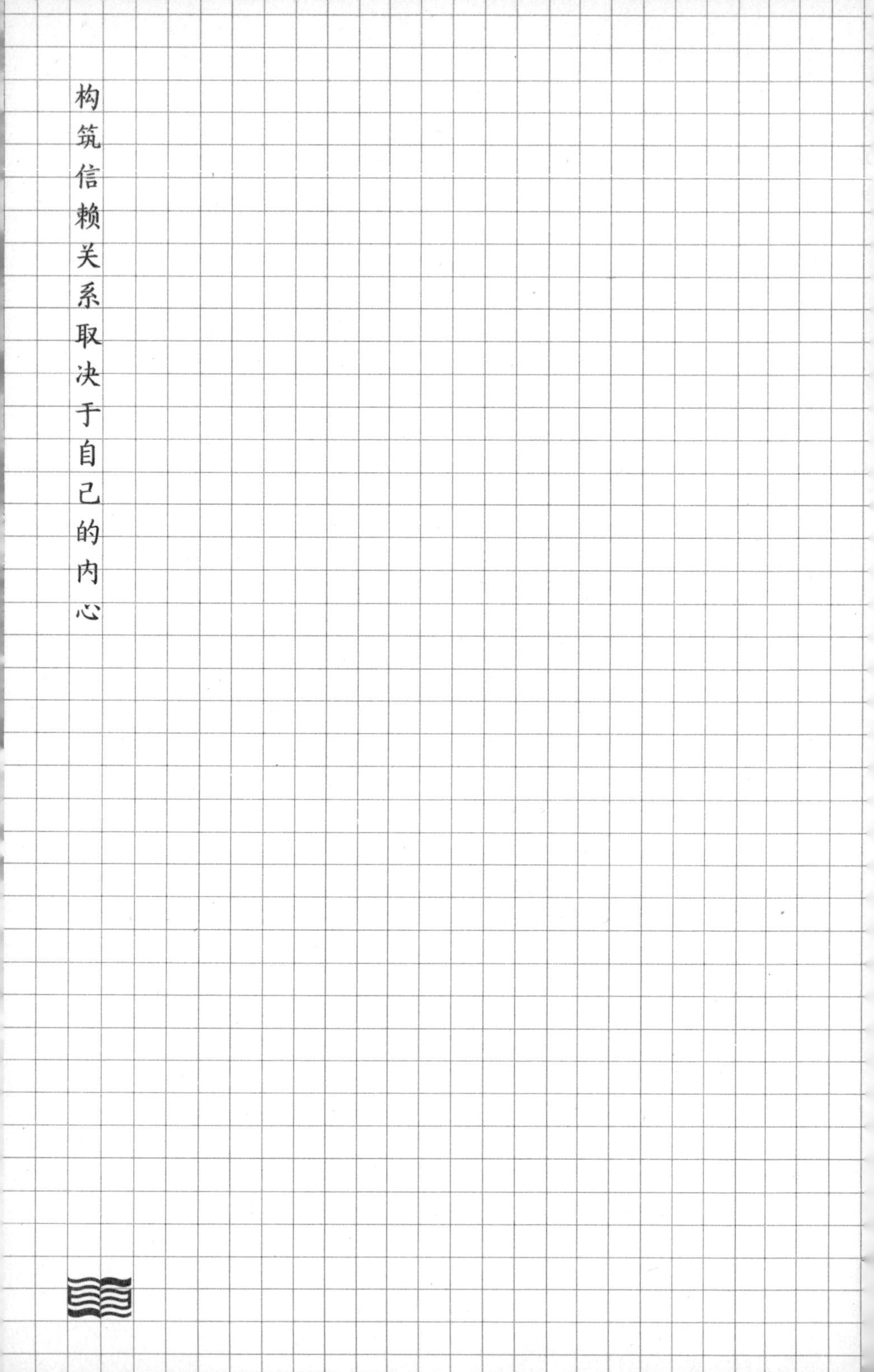

构筑信赖关系取决于自己的内心

n Tue Wed Thu Fri Sat Sun

Feb Mar Apr May Jun Jul Aug Sep Oct Nov Dec

)2 03 04 05 06 07 08 09 10 11 12 13 14 15 16 17 18 19 20 21 22 23 24 25 26

28 29 30 31

经济不景气是成长的机遇

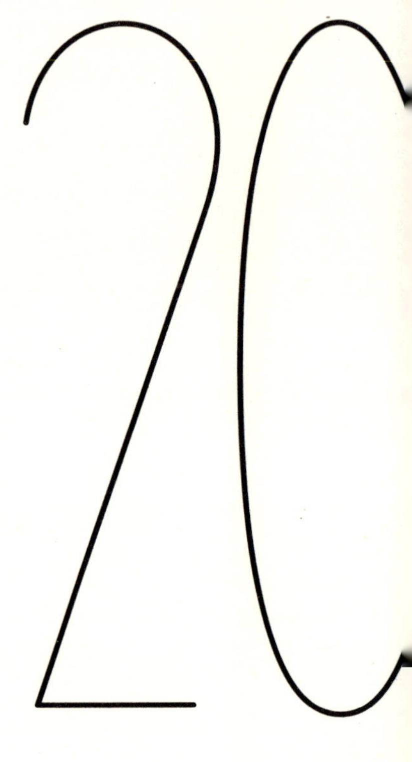

A Recession Is a Golden Opportunity for Growth

樱花美自苦寒来，企业经营亦如此。在不景气时努力增强企业“体质”，待经济回暖时，企业便能取得大发展。只要能做到全员一心、刻苦专研、发挥创意，并在经营方面进一步持续努力，经济越是不景气，企业就越能飞跃进步，更上一层楼。

不況を成長のチャンスとする

经济不景气是成长的机遇

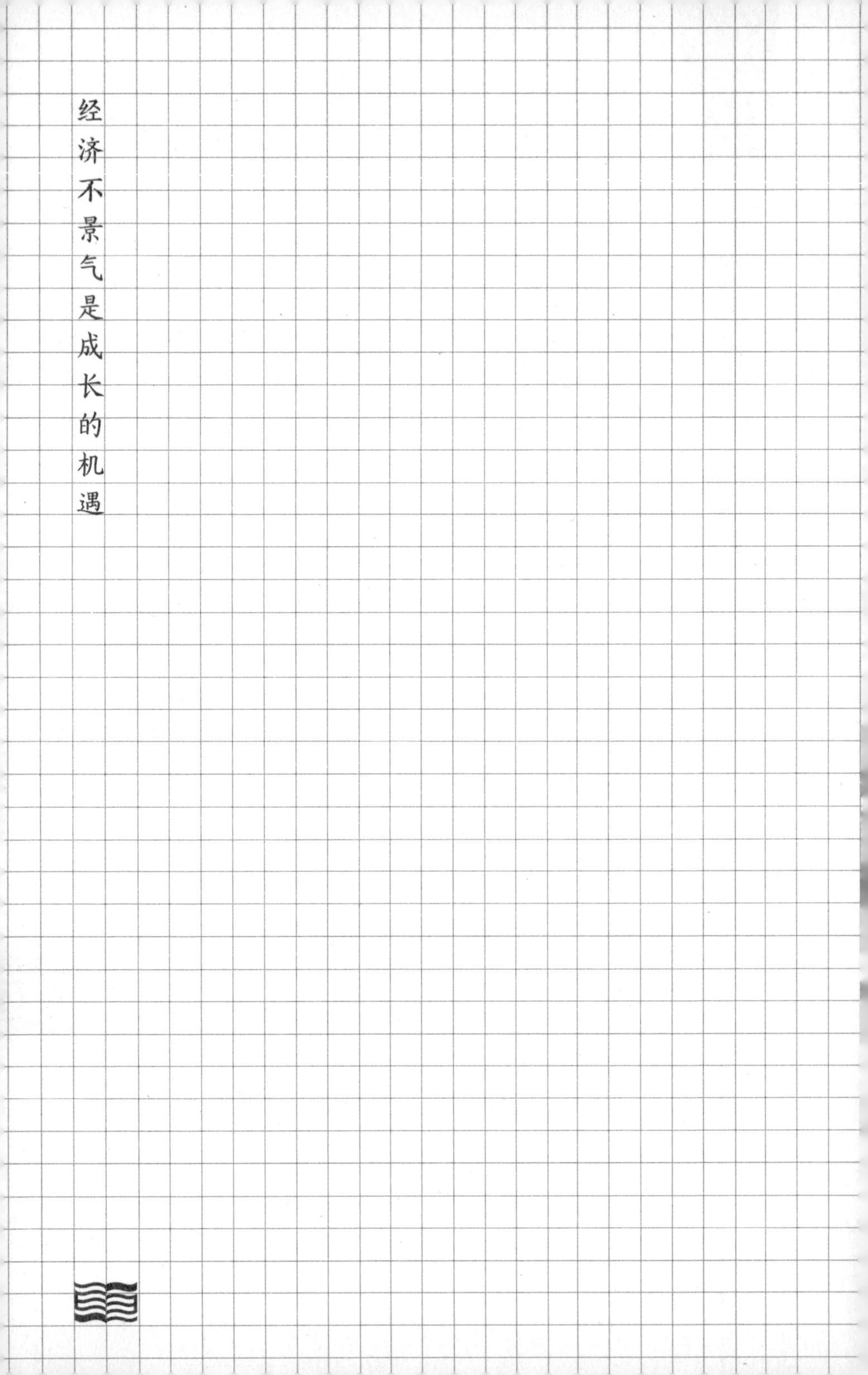

经济不景气是成长的机遇

表
EDULE

MARY

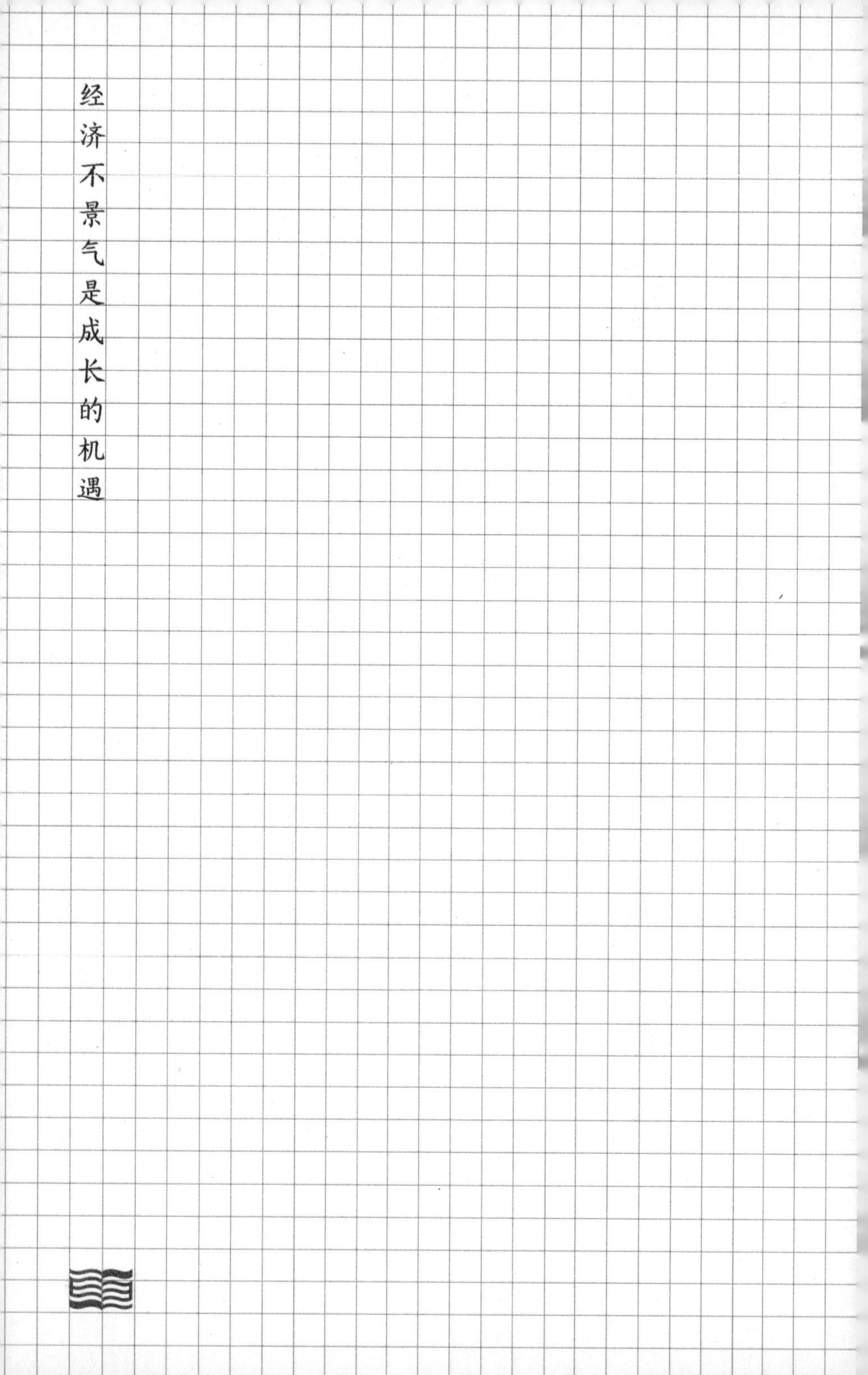

经济不景气是成长的机遇

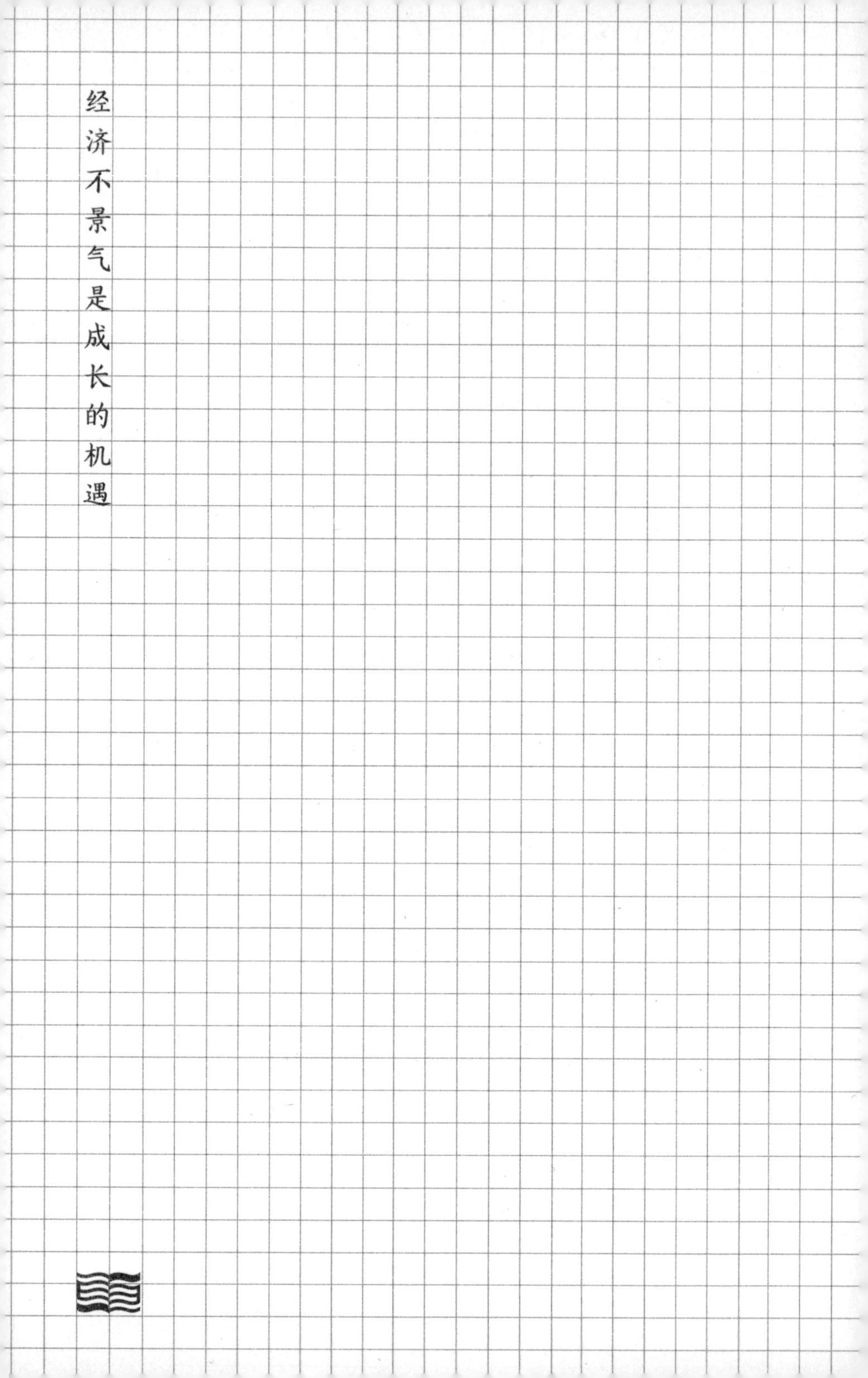

经济不景气是成长的机遇

n Tue Wed Thu Fri Sat Sun

Feb Mar Apr May Jun Jul Aug Sep Oct Nov Dec

02 03 04 05 06 07 08 09 10 11 12 13 14 15 16 17 18 19 20 21 22 23 24 25 26

28 29 30 31

认为不行的时候，正是工作的开始

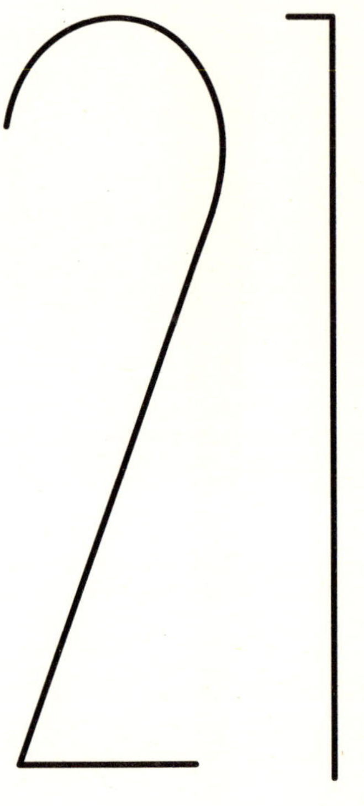

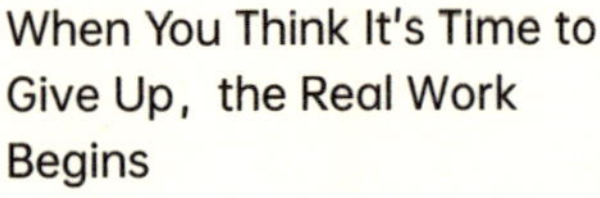

When You Think It's Time to Give Up，the Real Work Begins

即便被逼至“束手无策”的局面，也不能放弃。要将其视为新的起点，进一步倾注热情，以强烈意志，坚持到底。这种坚忍不拔的精神能将困境变为机遇，从而使人战胜困难，收获成功。

「もうダメだ」という時が仕事の始まり

认为不行的时候，正是工作的开始

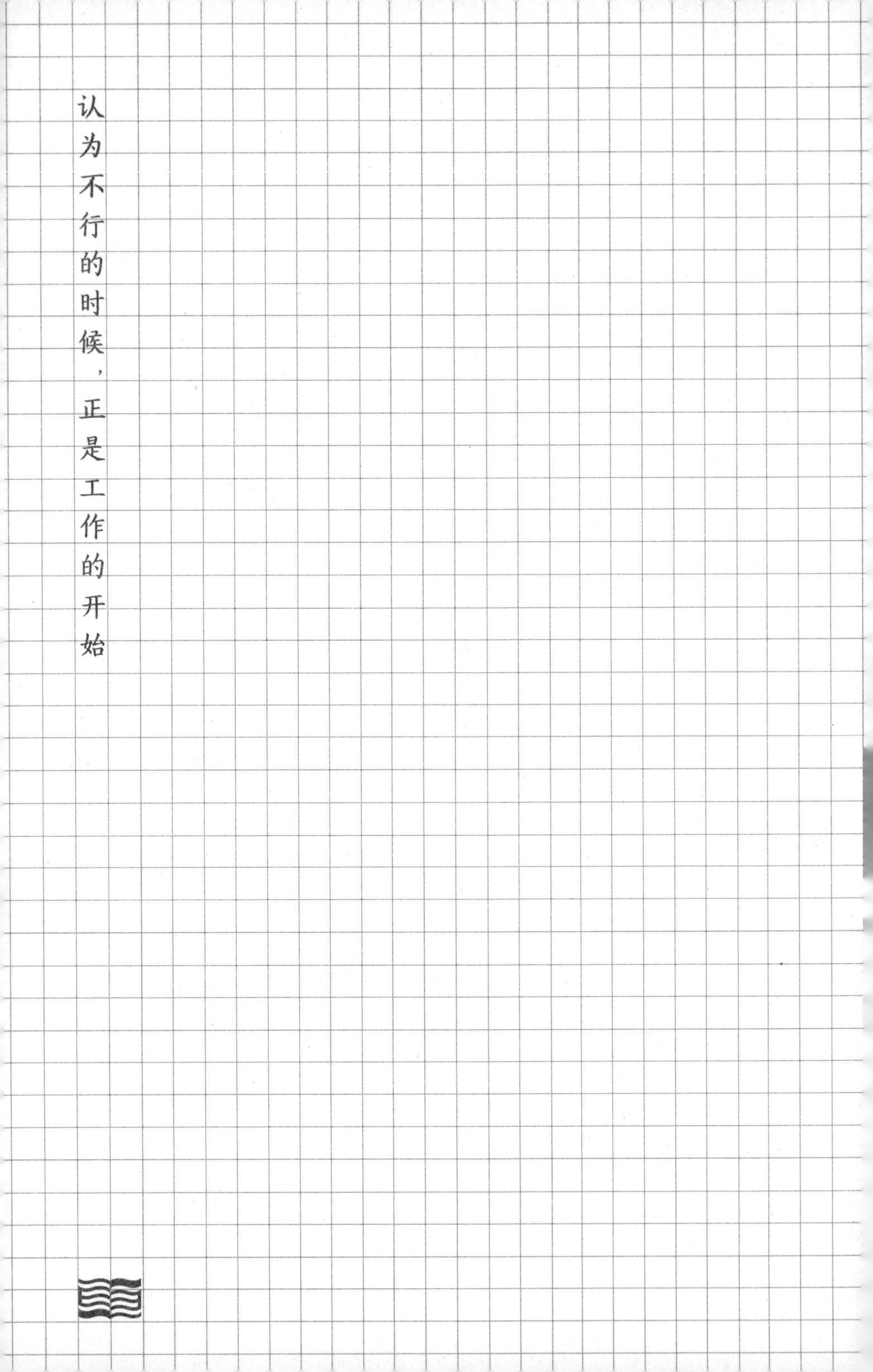

认为不行的时候，正是工作的开始

表
EDULE

MARY

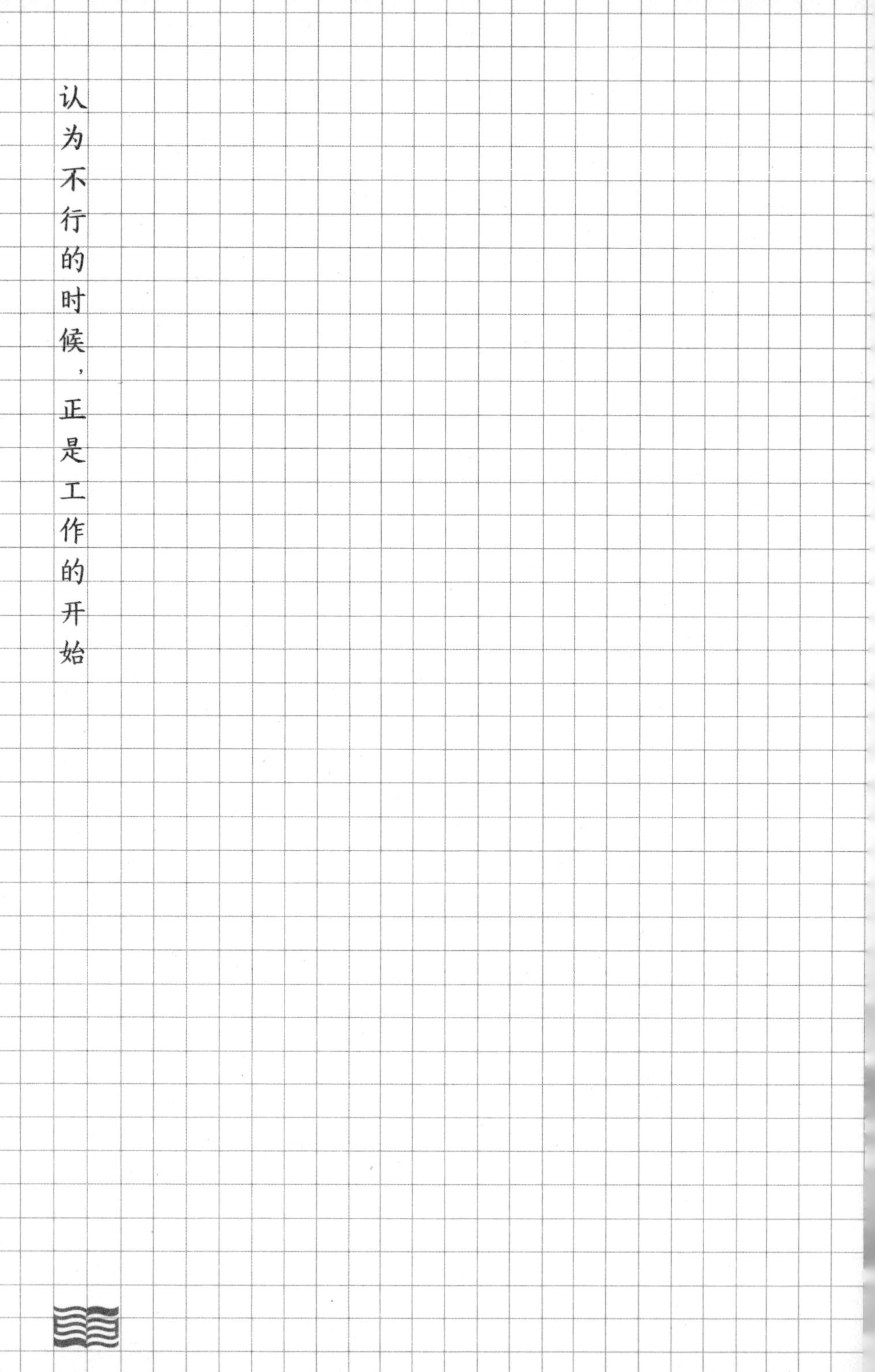

认为不行的时候，正是工作的开始

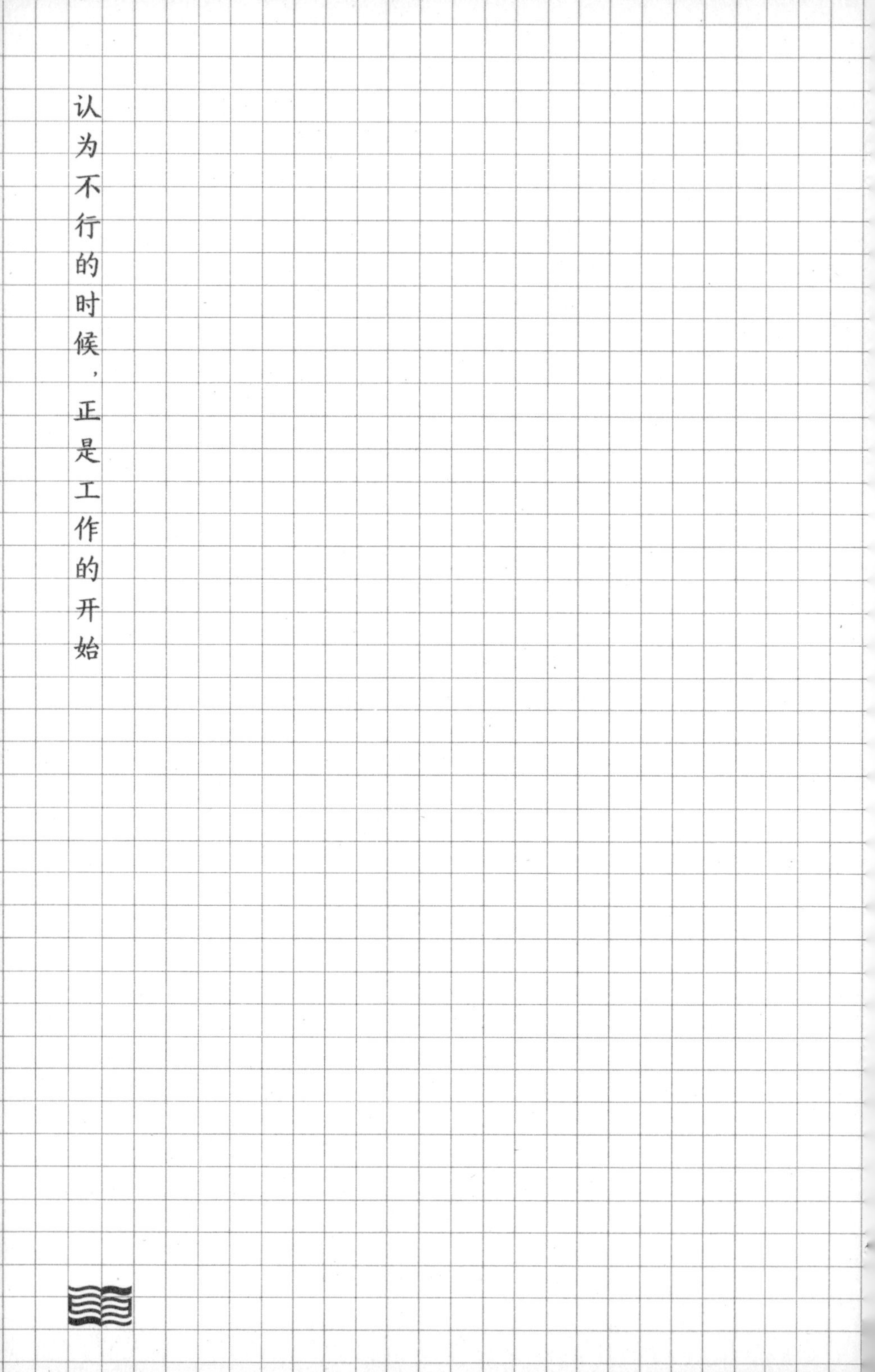

认为不行的时候，正是工作的开始

n Tue Wed Thu Fri Sat Sun

Feb Mar Apr May Jun Jul Aug Sep Oct Nov Dec

02 03 04 05 06 07 08 09 10 11 12 13 14 15 16 17 18 19 20 21 22 23 24 25 26

28 29 30 31

在心中树立规范

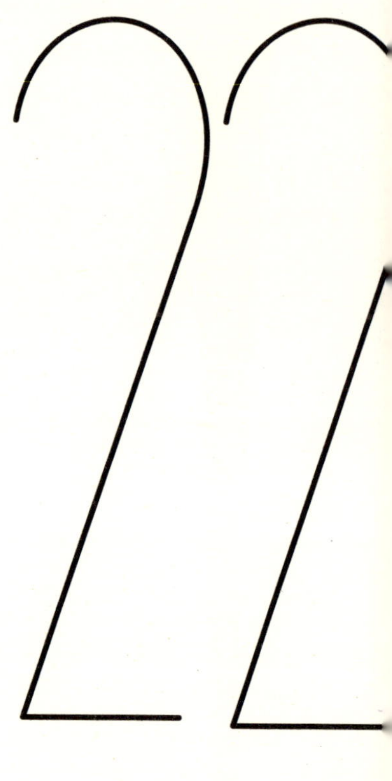

Maintain an Internal Moral Compass

倘若在行动时只考虑自身的方便和利益，不管是企业经营还是日常工作，都无法取得巨大成就。应该树立自律的规范。所谓规范，即诸如公正、公平、正义、博爱等浅显易懂且普遍适用的伦理观。无论在何种情况下，都必须鼓起勇气，遵守规范，按照人应具备的良心准则行事。

心の中に規範を持つ

在心中树立规范

在心中树立规范

表
EDULE

MARY

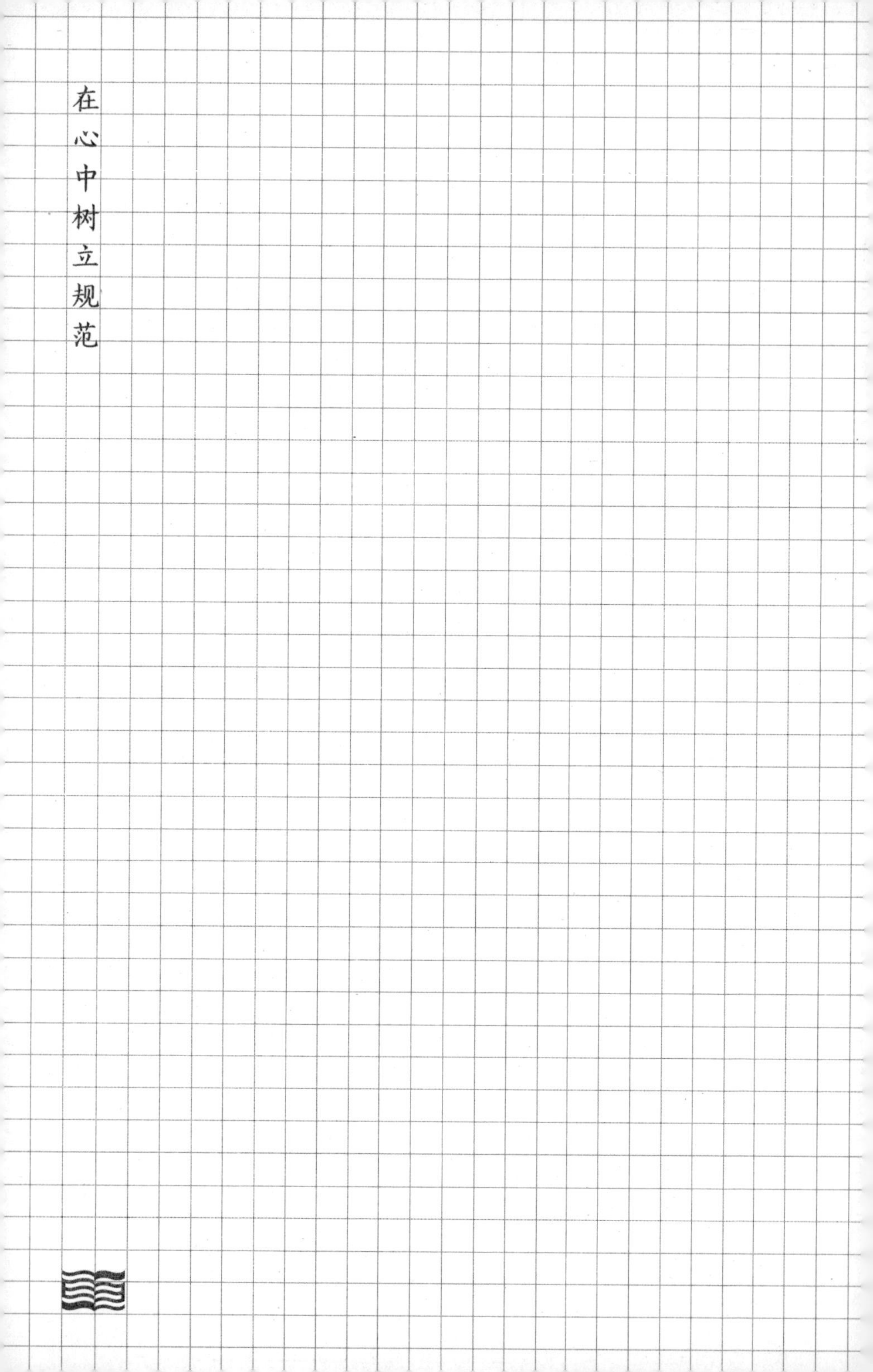

在心中树立规范

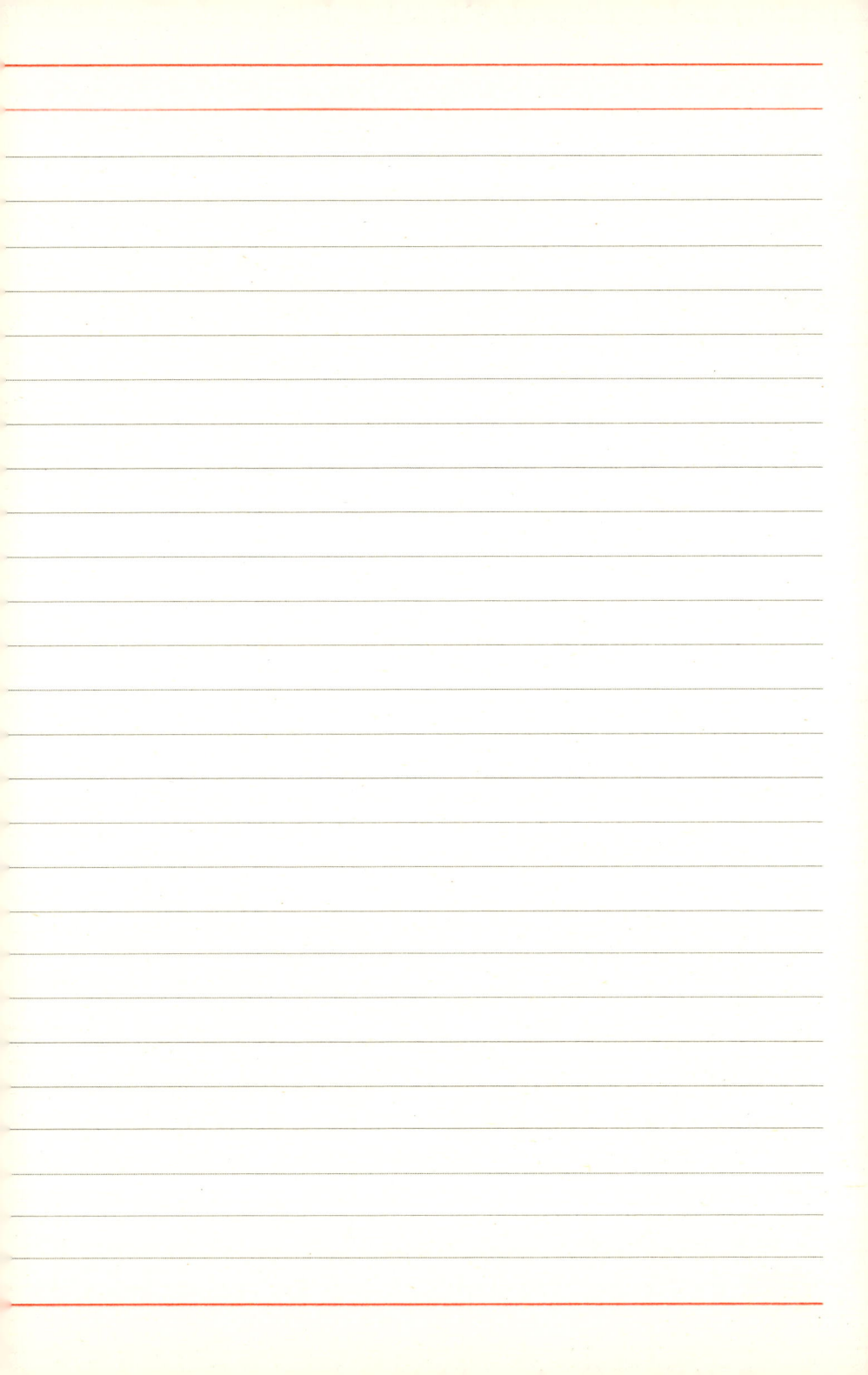

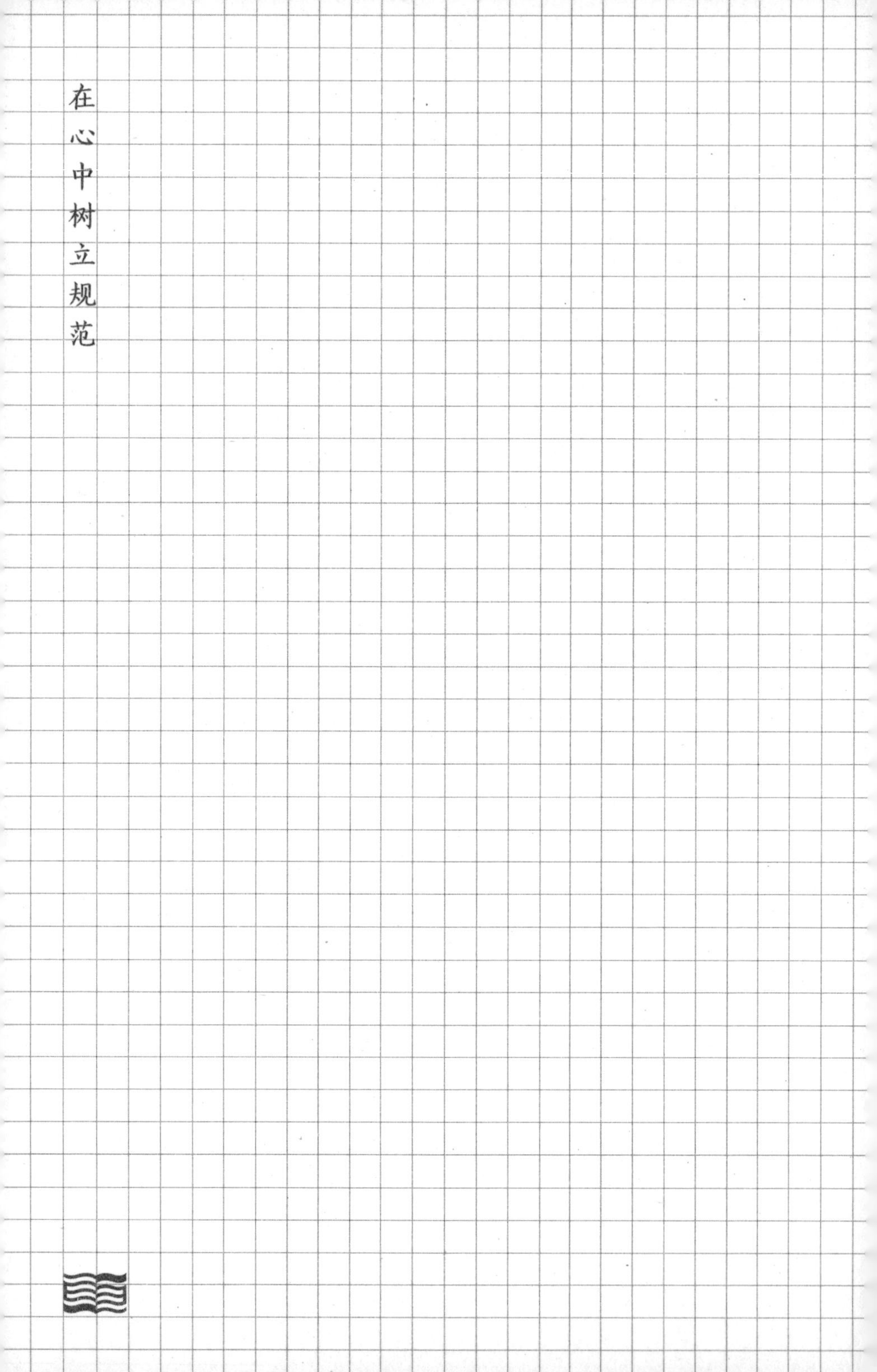

在心中树立规范

n Tue Wed Thu Fri Sat Sun

Feb Mar Apr May Jun Jul Aug Sep Oct Nov Dec

02 03 04 05 06 07 08 09 10 11 12 13 14 15 16 17 18 19 20 21 22 23 24 25 26

28 29 30 31

在相扑台的中央发力

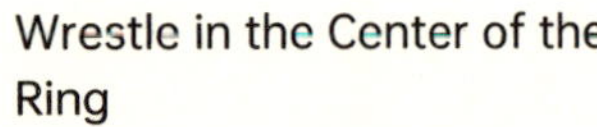

Wrestle in the Center of the Ring

被对手推到相扑台边缘，这才慌忙地使出蛮力，试图挽回局面。在工作中，以这种风格行事的人有不少。必须将相扑台的中央视为边缘，一开始就使出全力。交货期也好，资金周转也好，关键要在尚有充分余地的阶段就心怀危机感，以切实稳定的方式推进工作。

土俵の真ん中で相撲をとる

在相扑台的中央发力

在相扑台的中央发力

表
EDULE

MARY

在相扑台的中央发力

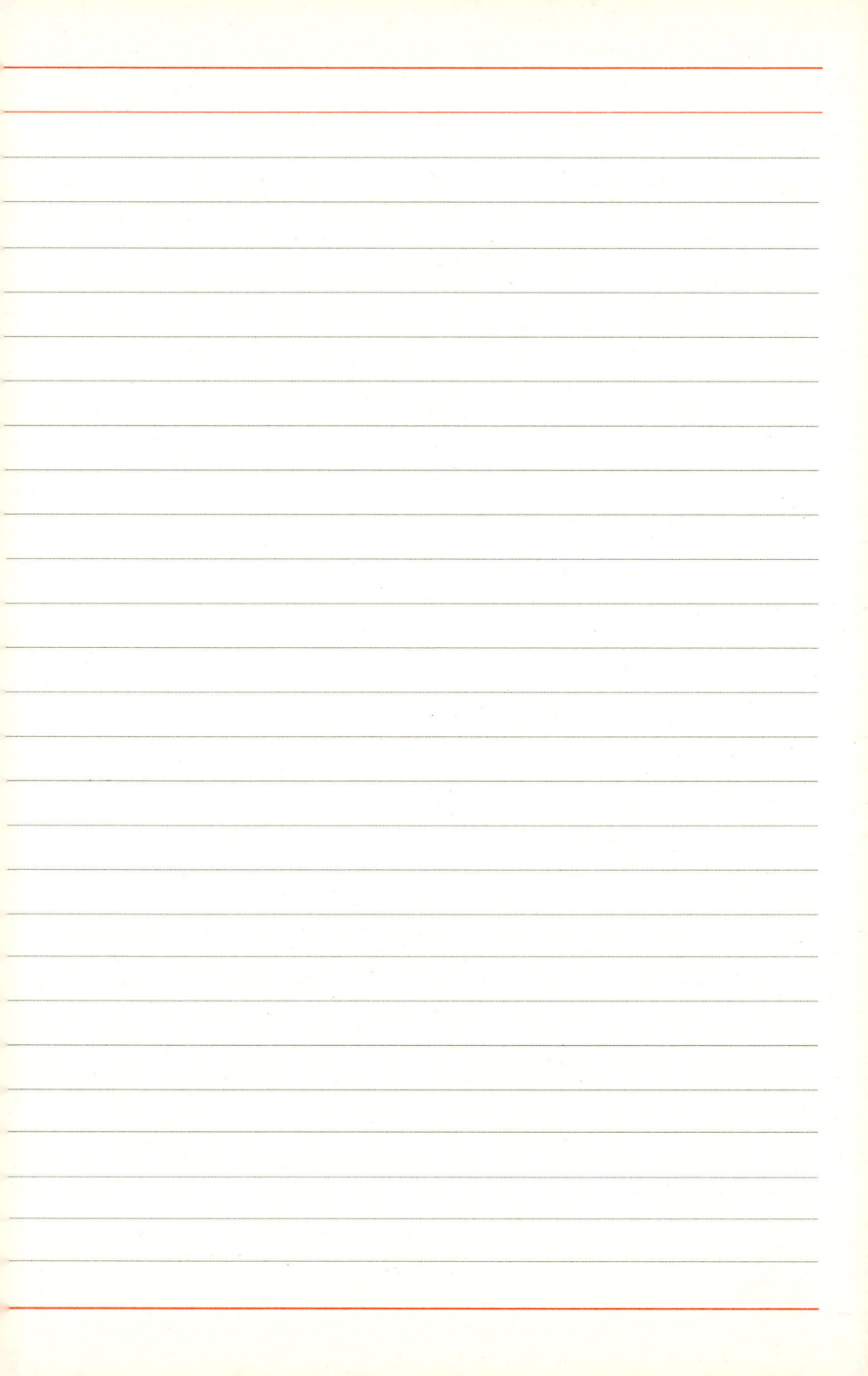

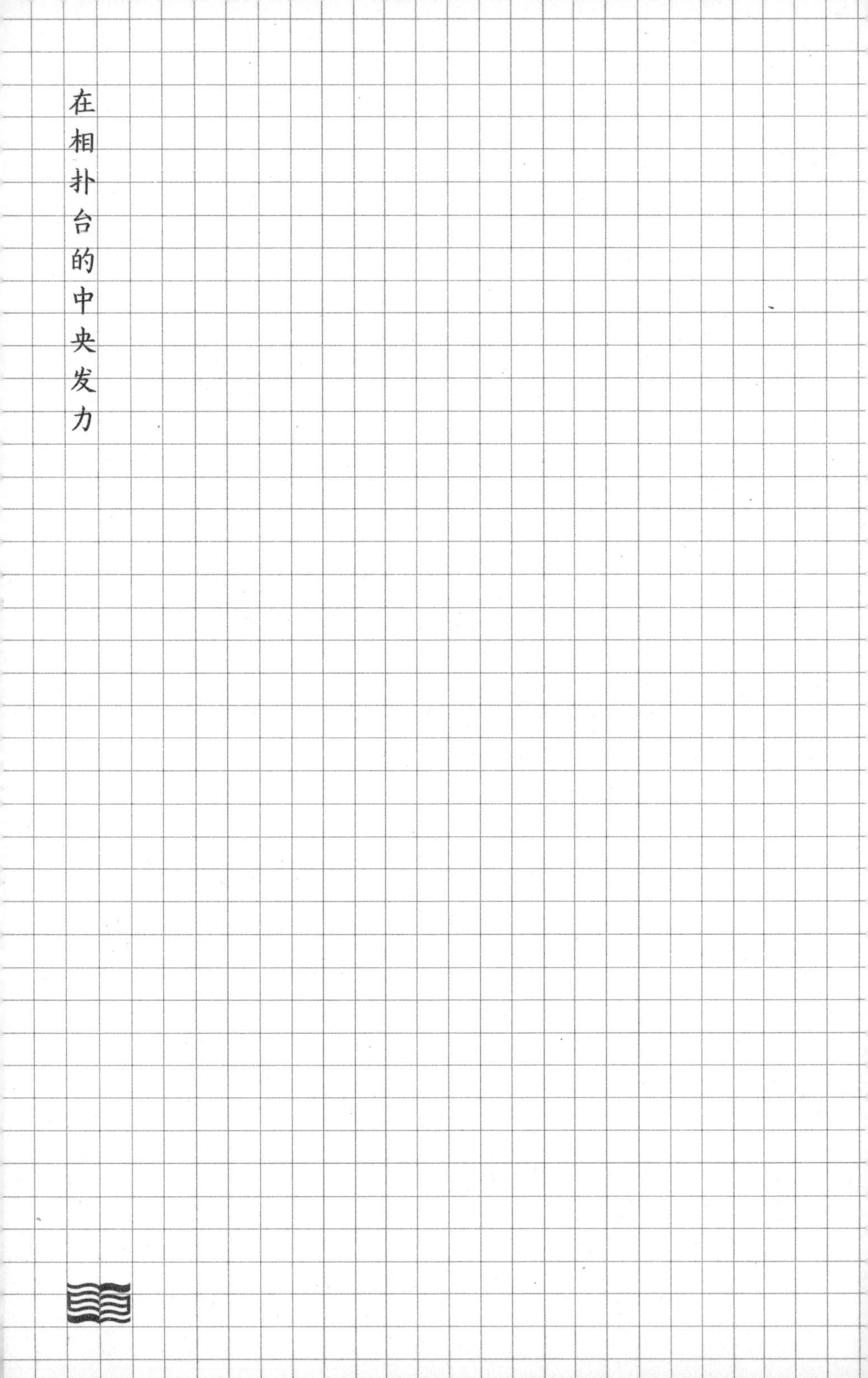
在相扑台的中央发力

n Tue Wed Thu Fri Sat Sun

Feb Mar Apr May Jun Jul Aug Sep Oct Nov Dec

02 03 04 05 06 07 08 09 10 11 12 13 14 15 16 17 18 19 20 21 22 23 24 25 26

28 29 30 31

成功也是人生的考验

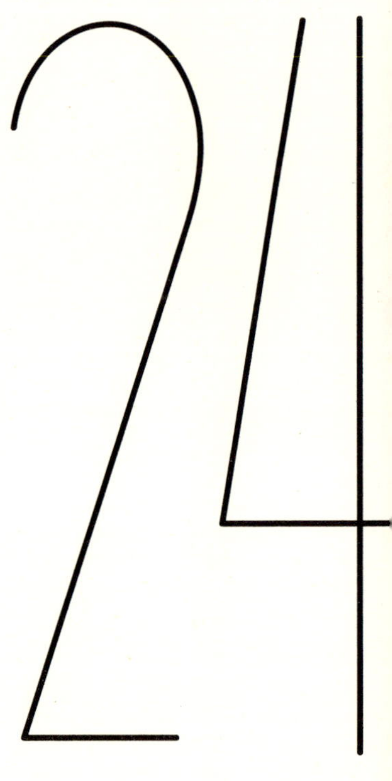

Success Is Just Another Trial

所谓“考验”并不仅限于艰难困苦，成功也是一种考验。在收获成功、地位、名誉和财富后，倘若傲于地位，醉于名誉，堕于财富，懈于努力，人生便会霎时转为灰暗和没落。上天给予一个人成功，其实是为了考验他。

成功也是人生的考验

成功もまた人生の試練

成功也是人生的考验

表
EDULE

MARY

成功也是人生的考验

成功也是人生的考验

on Tue Wed Thu Fri Sat Sun

Feb Mar Apr May Jun Jul Aug Sep Oct Nov Dec

02 03 04 05 06 07 08 09 10 11 12 13 14 15 16 17 18 19 20 21 22 23 24 25 26

28 29 30 31

垂直攀登

Face Challenges and Obstacles

一旦树立远大目标，则等待你的是众多困难。避开困难，在安全的坦途上行进，这似乎是贤明之举。可在如此迂回缓慢的攀登过程中，会渐渐迷失最初的目标，最终半途而废。要想达成目标，就必须沿着认定的道路笔直前行，如挑战垂直攀岩一般。

垂直攀登

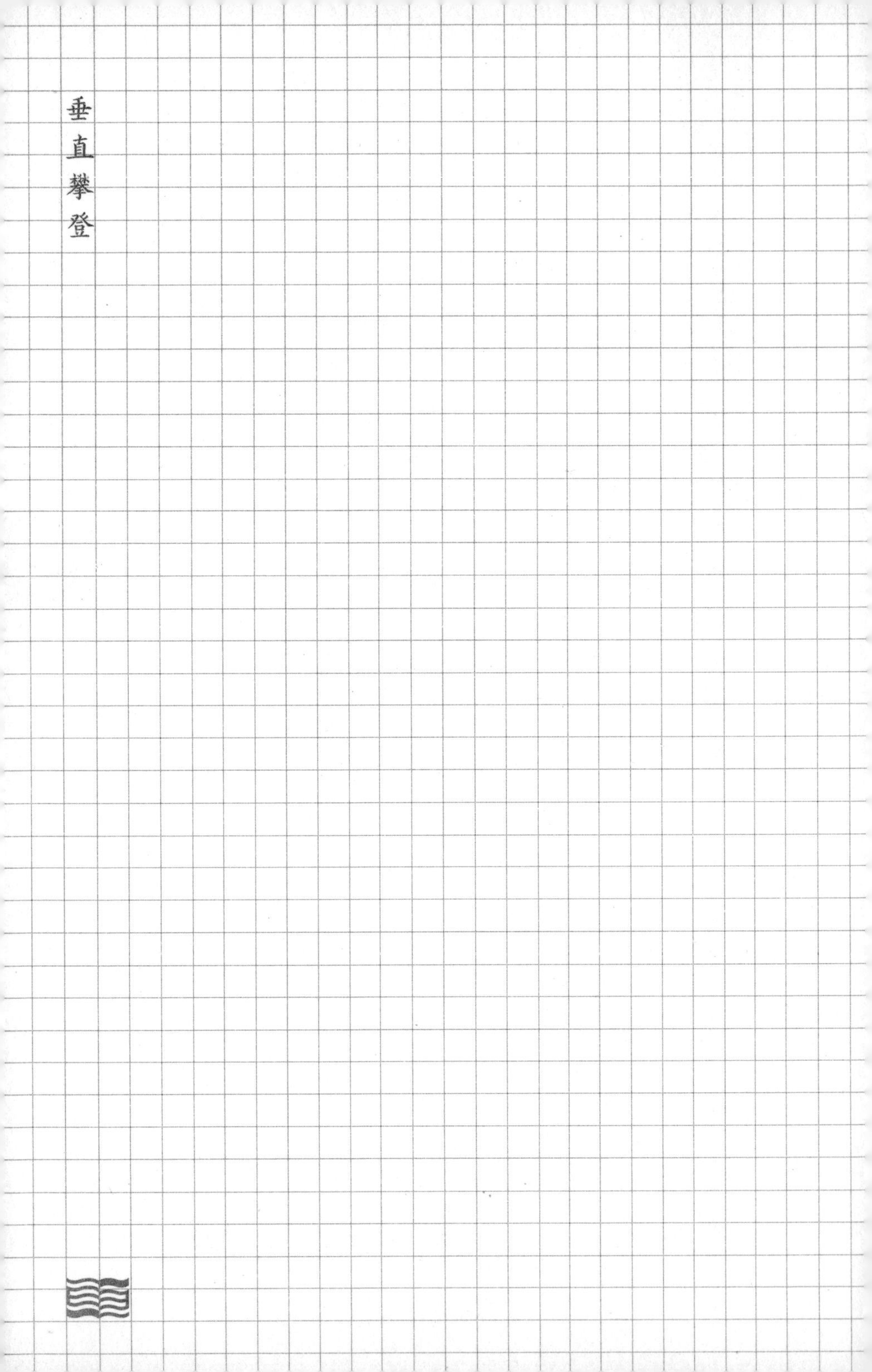
垂直攀登

表
IEDULE

MMARY

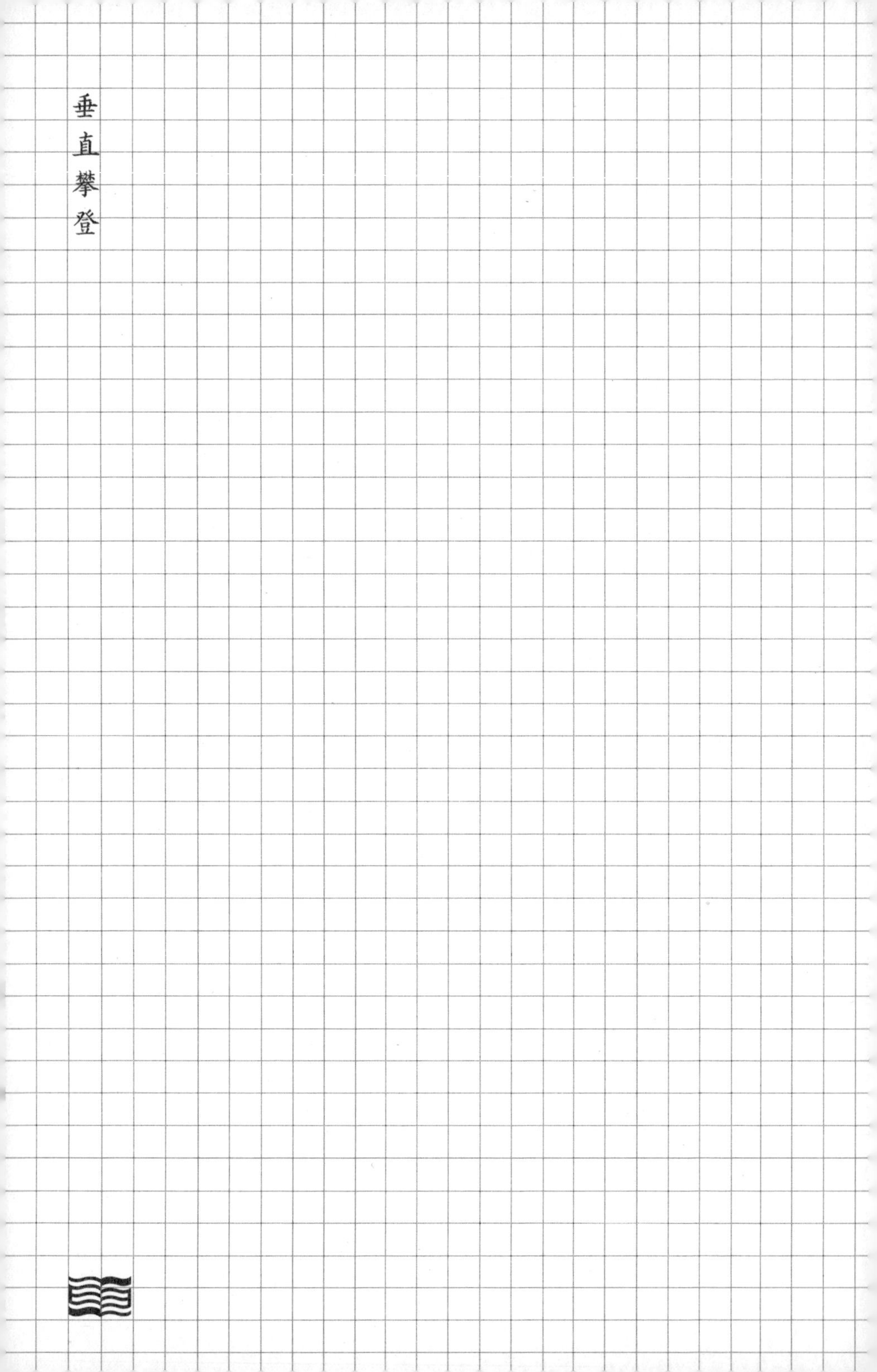

垂直攀登

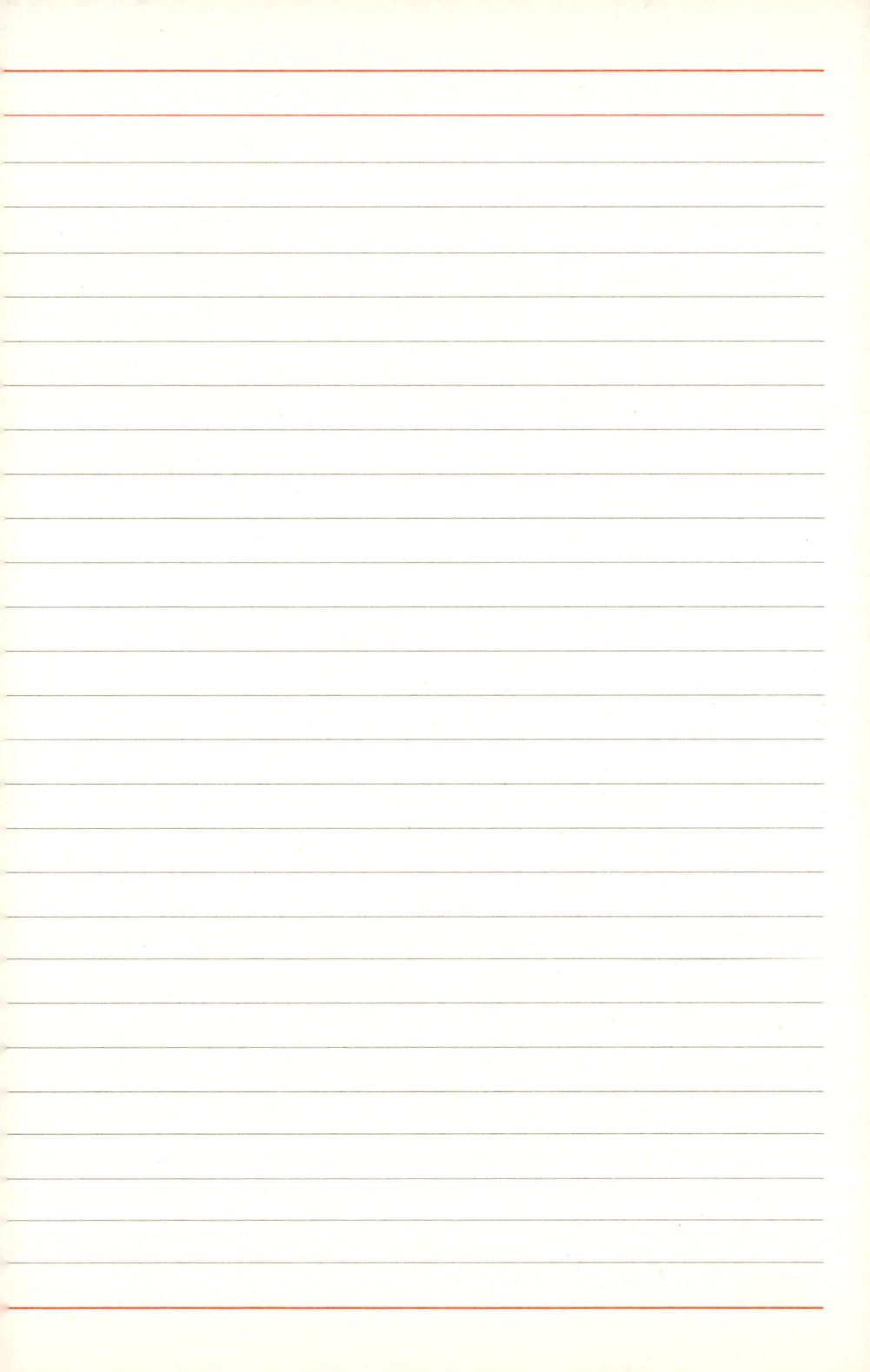

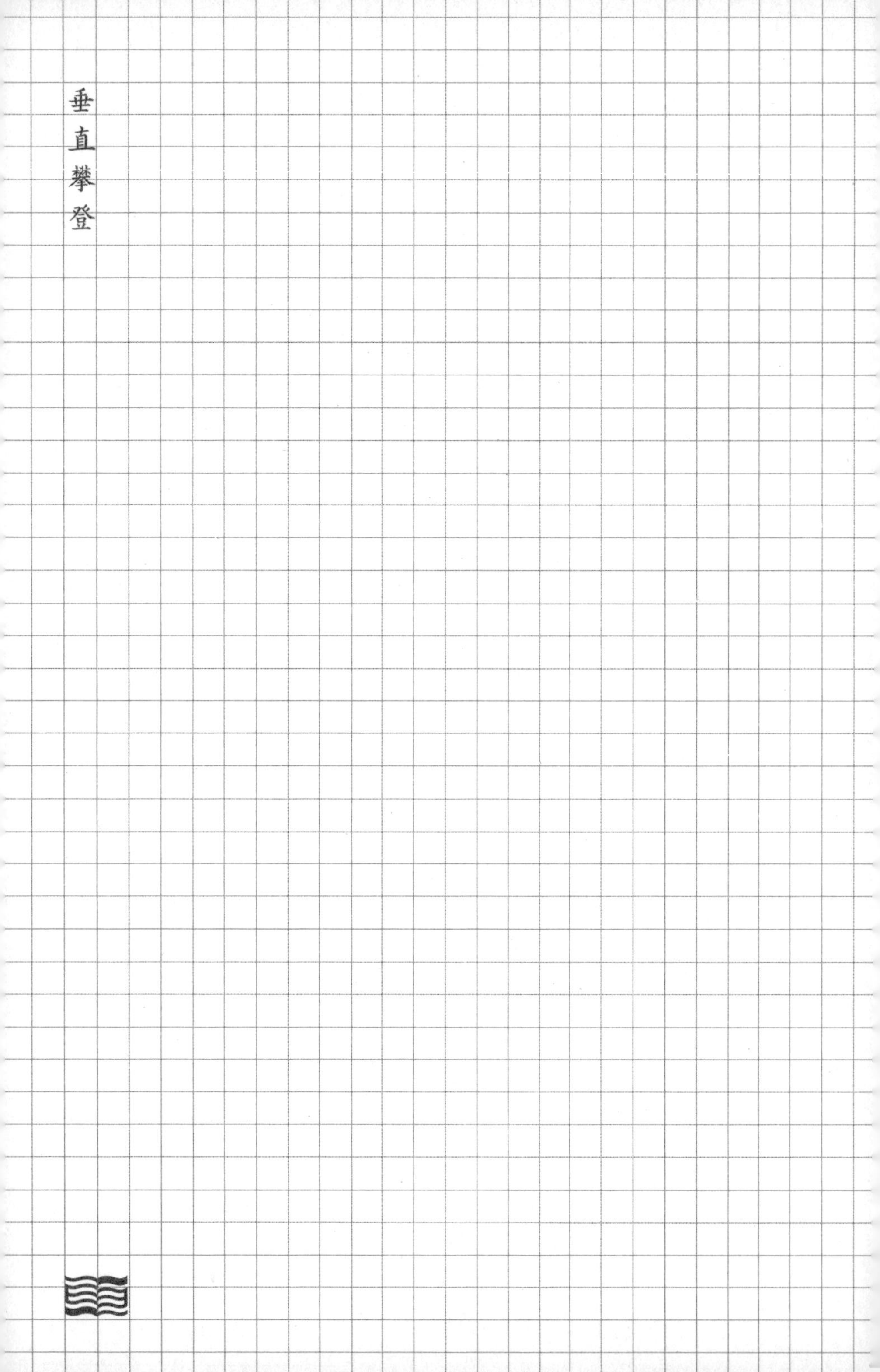
垂直攀登

on Tue Wed Thu Fri Sat Sun

Feb Mar Apr May Jun Jul Aug Sep Oct Nov Dec

02 03 04 05 06 07 08 09 10 11 12 13 14 15 16 17 18 19 20 21 22 23 24 25 26

28 29 30 31

以利他之心为本开展经营

26

Management Based on an Altruistic Mind

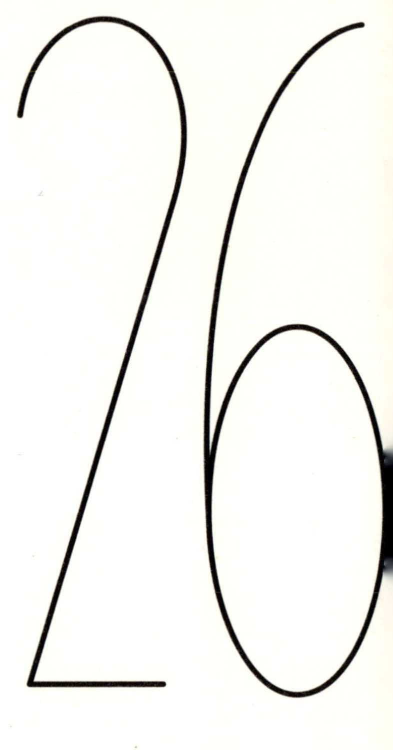

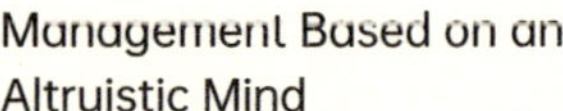

企业经营需要为对方着想的体恤之心。如果在自身获利的同时，无法使他人和合作伙伴也获利，即便取得短期的成功，也无法长久持续。而基于利他之心的经营则帮助合作伙伴，使其喜悦，这份对他人的恩惠最终会返回至自身，故能实现可持续发展。

以利他之心为本开展经营

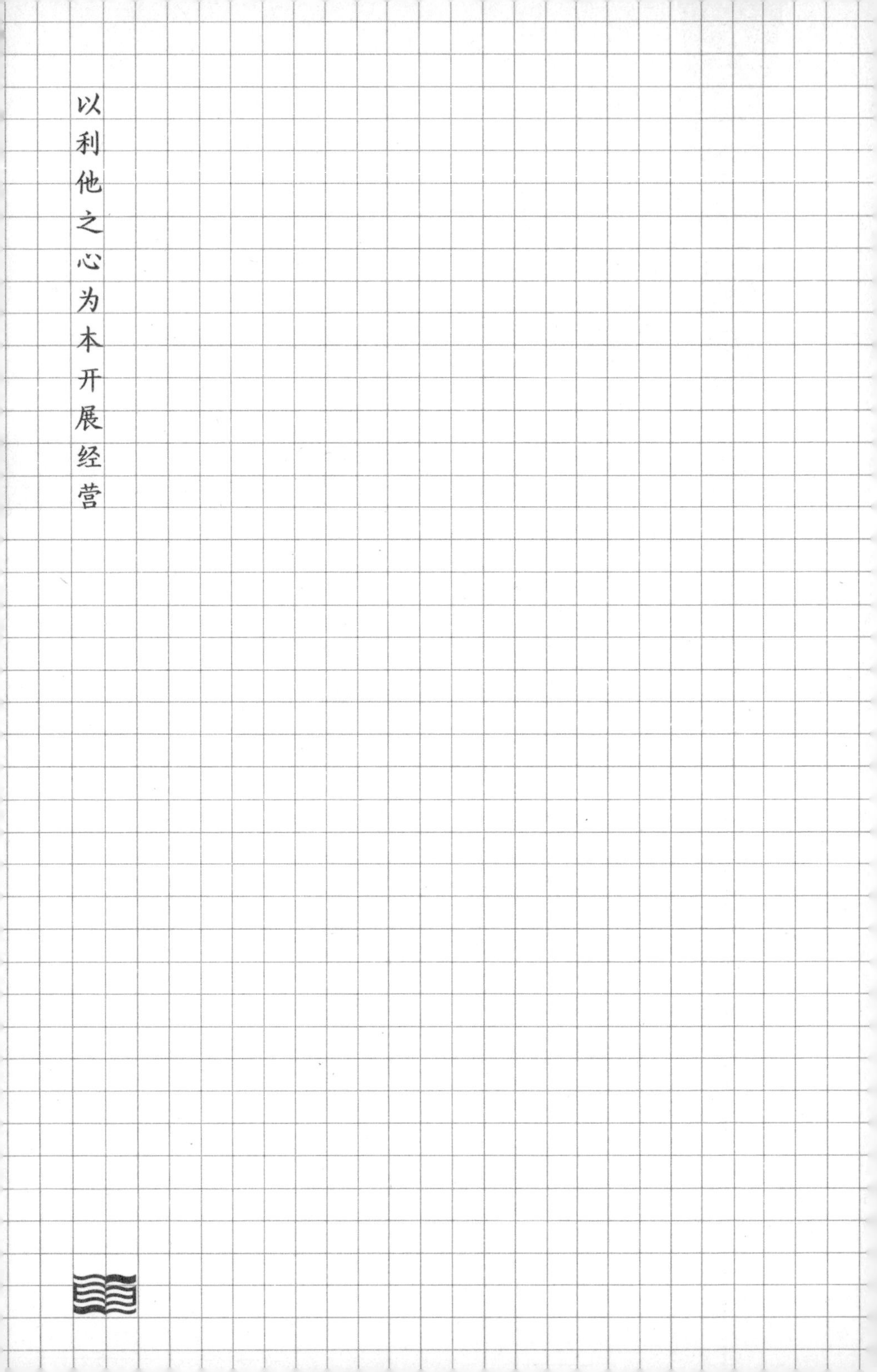

以利他之心为本开展经营

|表
HEDULE

|
MMARY

以利他之心为本开展经营

以利他之心为本开展经营

on Tue Wed Thu Fri Sat Sun

Feb Mar Apr May Jun Jul Aug Sep Oct Nov Dec

02 03 04 05 06 07 08 09 10 11 12 13 14 15 16 17 18 19 20 21 22 23 24 25 26

28 29 30 31

提升人格并保持下去

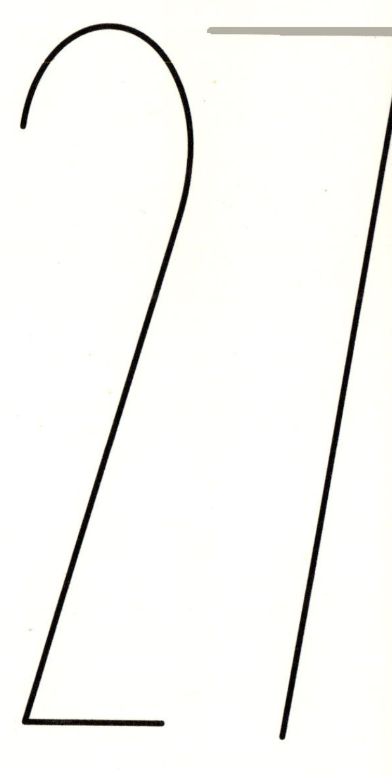

Elevate and Maintain Your Character

对于学习，人们往往觉得学会就行，不会再去复习。可纵观运动员，一天不锻炼，便无法维持身体的巅峰状态，我们的心灵和人格亦是如此，倘若不持续努力提升它们，很快就会被“打回原形”。唯有反复学习做人应有的原则，并通过每日反省使其成为自己的血肉，才能保持高尚的人格。

7

人格を高め、維持する

提升人格并保持下去

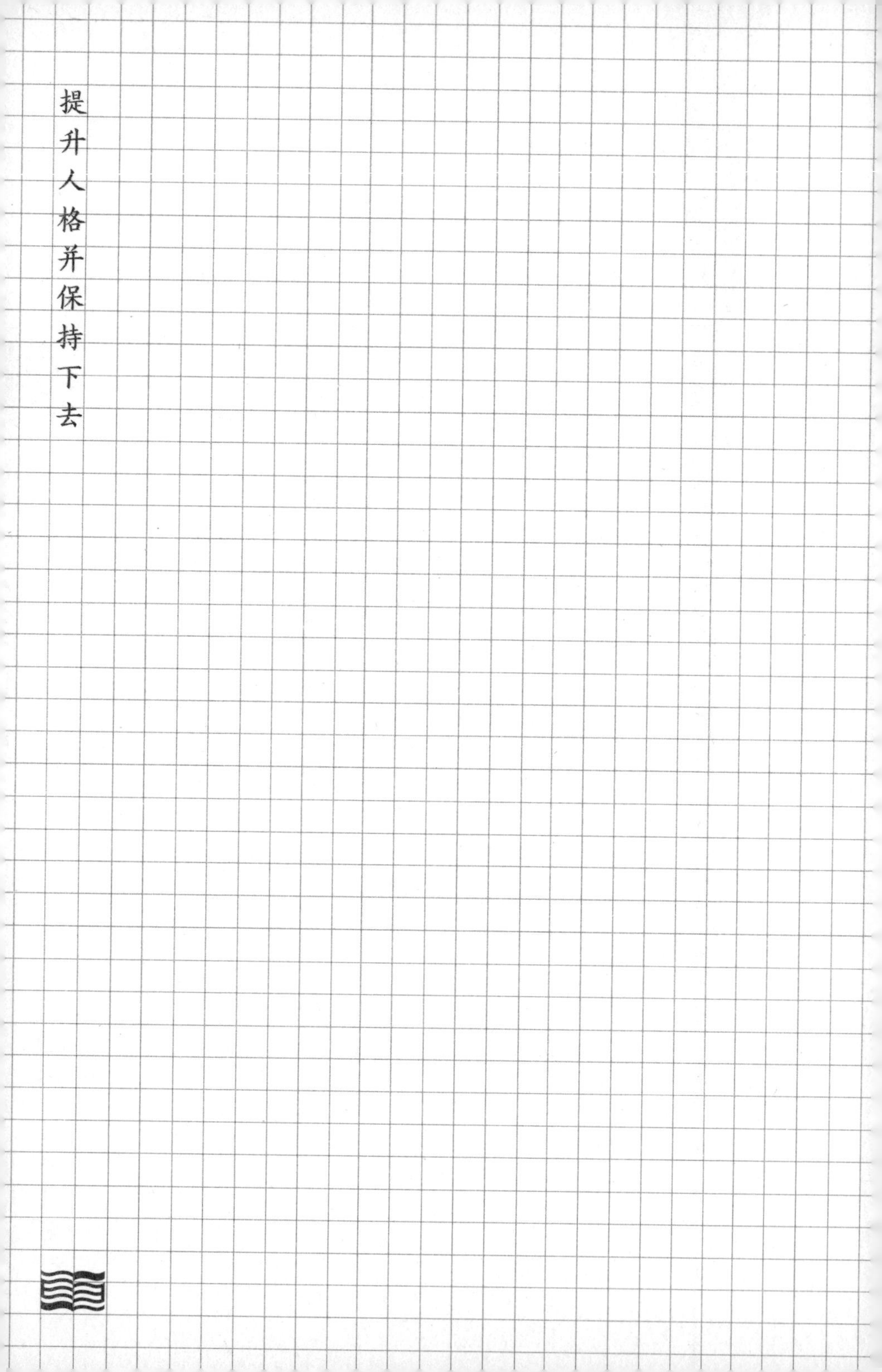

提升人格并保持下去

|表
IEDULE

MARY

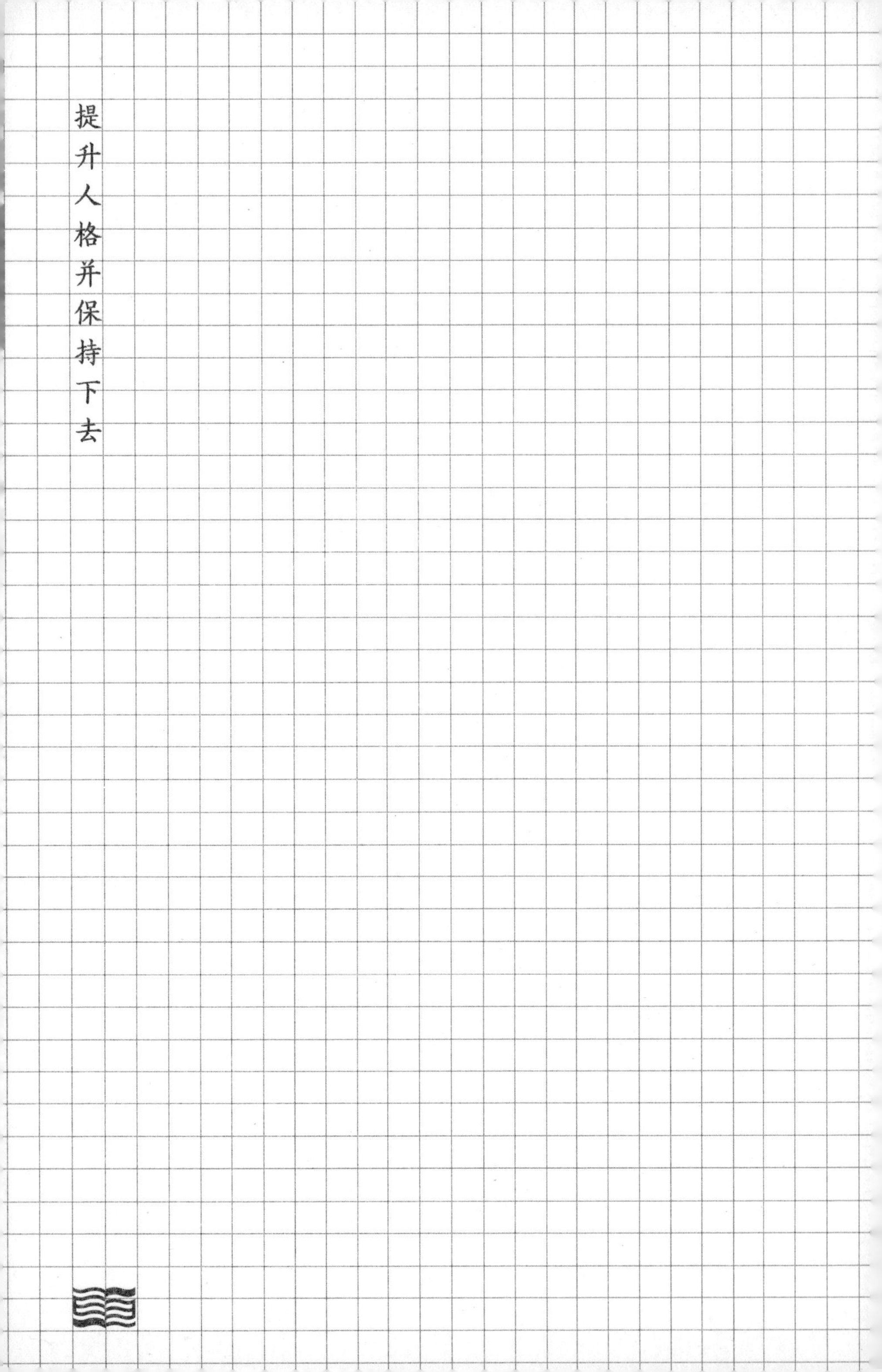
提升人格并保持下去

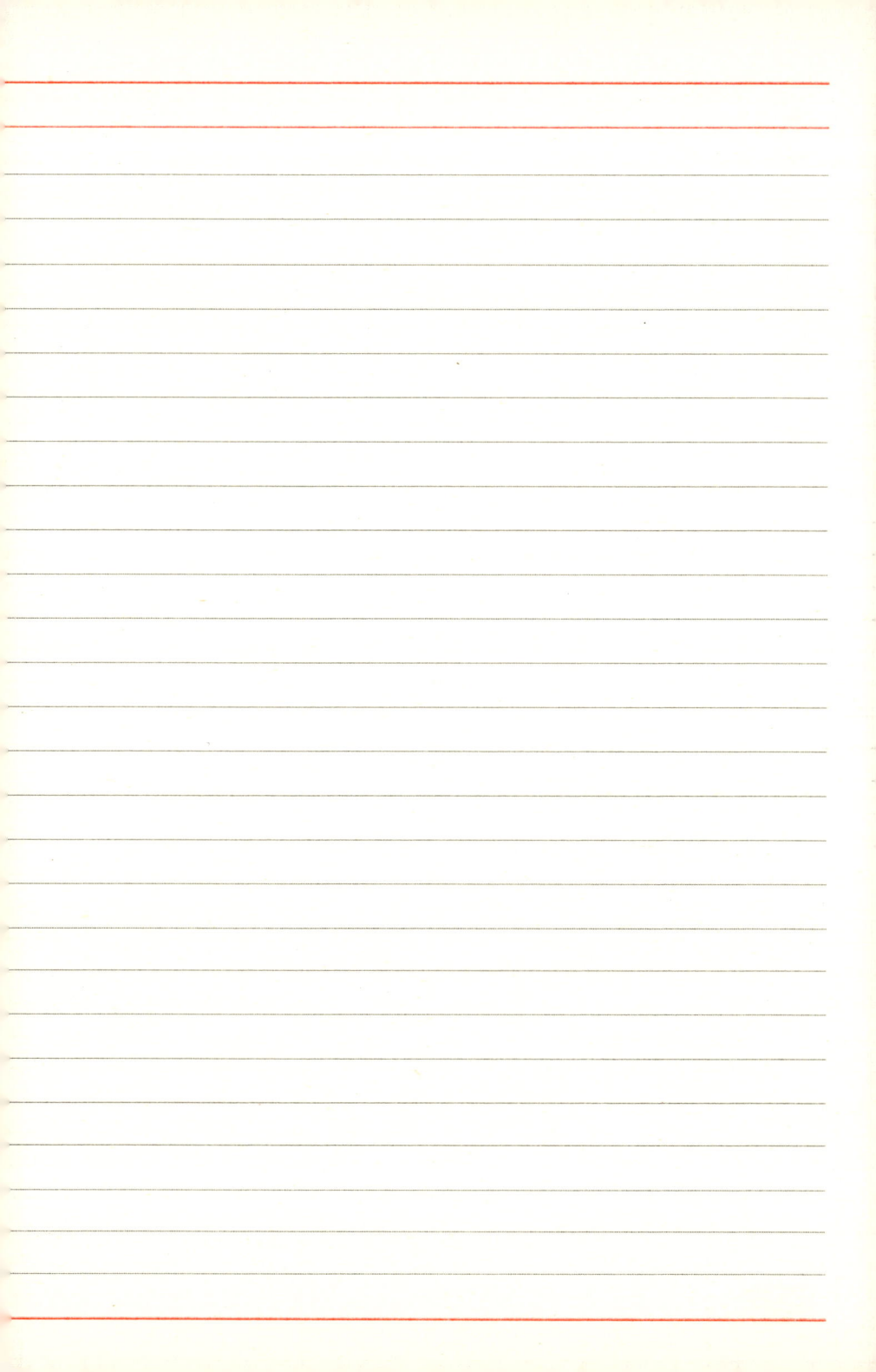

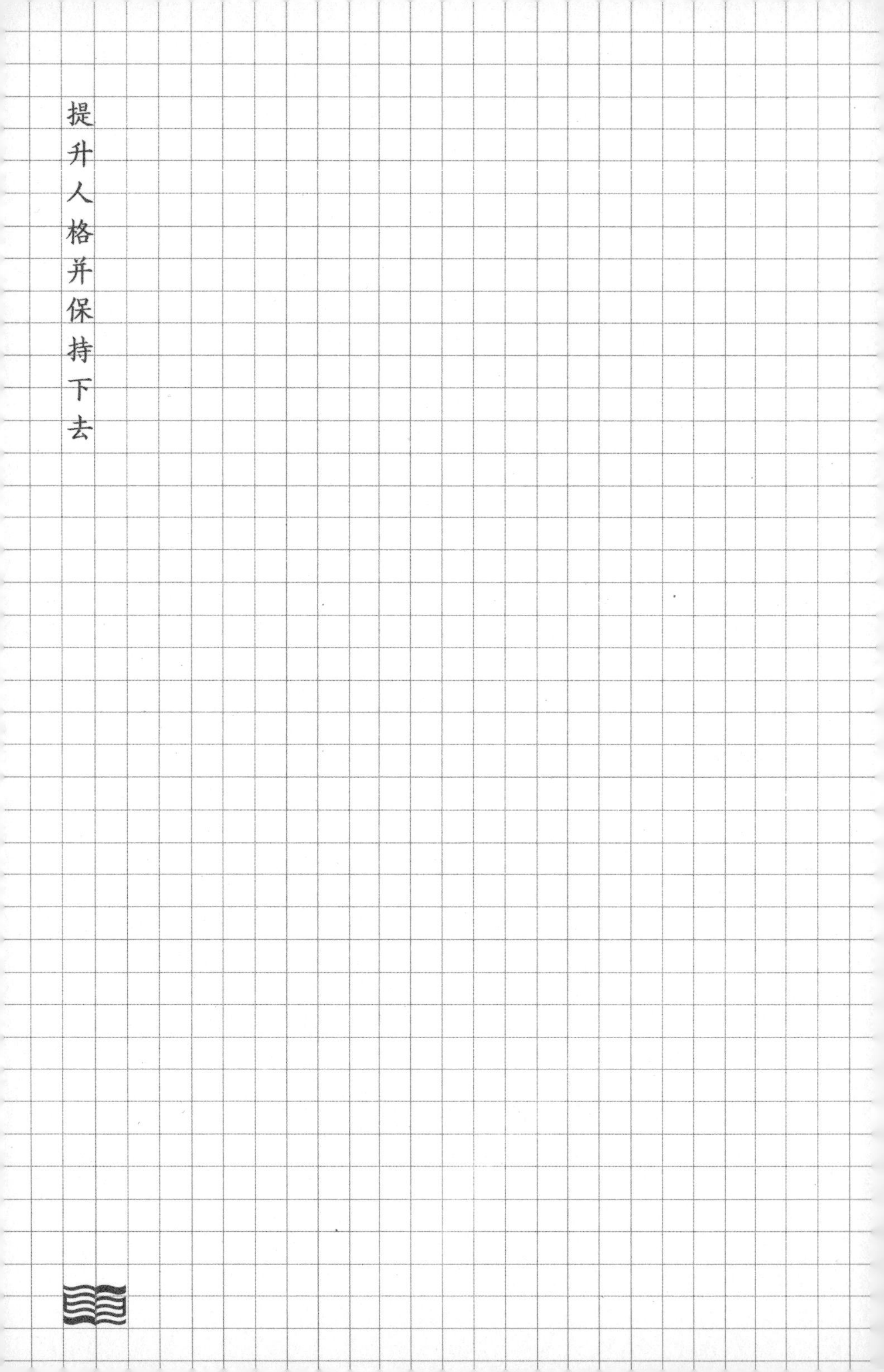

提升人格并保持下去

on Tue Wed Thu Fri Sat Sun

n Feb Mar Apr May Jun Jul Aug Sep Oct Nov Dec

02 03 04 05 06 07 08 09 10 11 12 13 14 15 16 17 18 19 20 21 22 23 24 25 26

28 29 30 31

赢得客户的尊敬

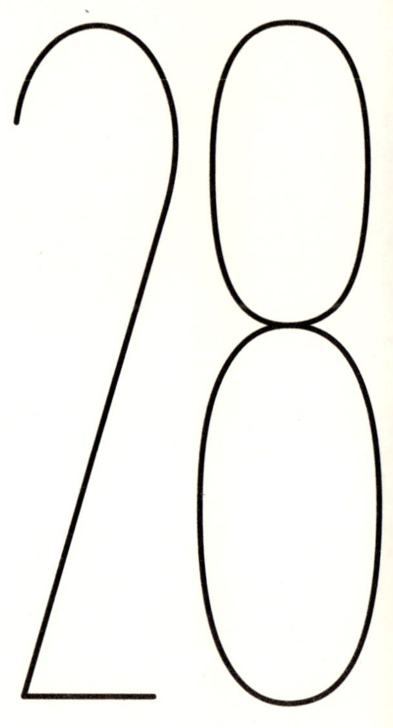

Earn the Respect of Customers

通过以低价和高品质向客户按时供货，便能获得对方的信任。而如果卖方还具备高尚的道德观和品德修养，则还能获得比信任更高层次的“尊敬”。如能通过自身的努力修德，赢得客户的尊敬，便能建立超越价格和品质等条件范畴的交易关系，从而实现持续且长远的商业成功。

赢得客户的尊敬

お客様から尊敬される

赢得客户的尊敬

间表
HEDULE

结
MMARY

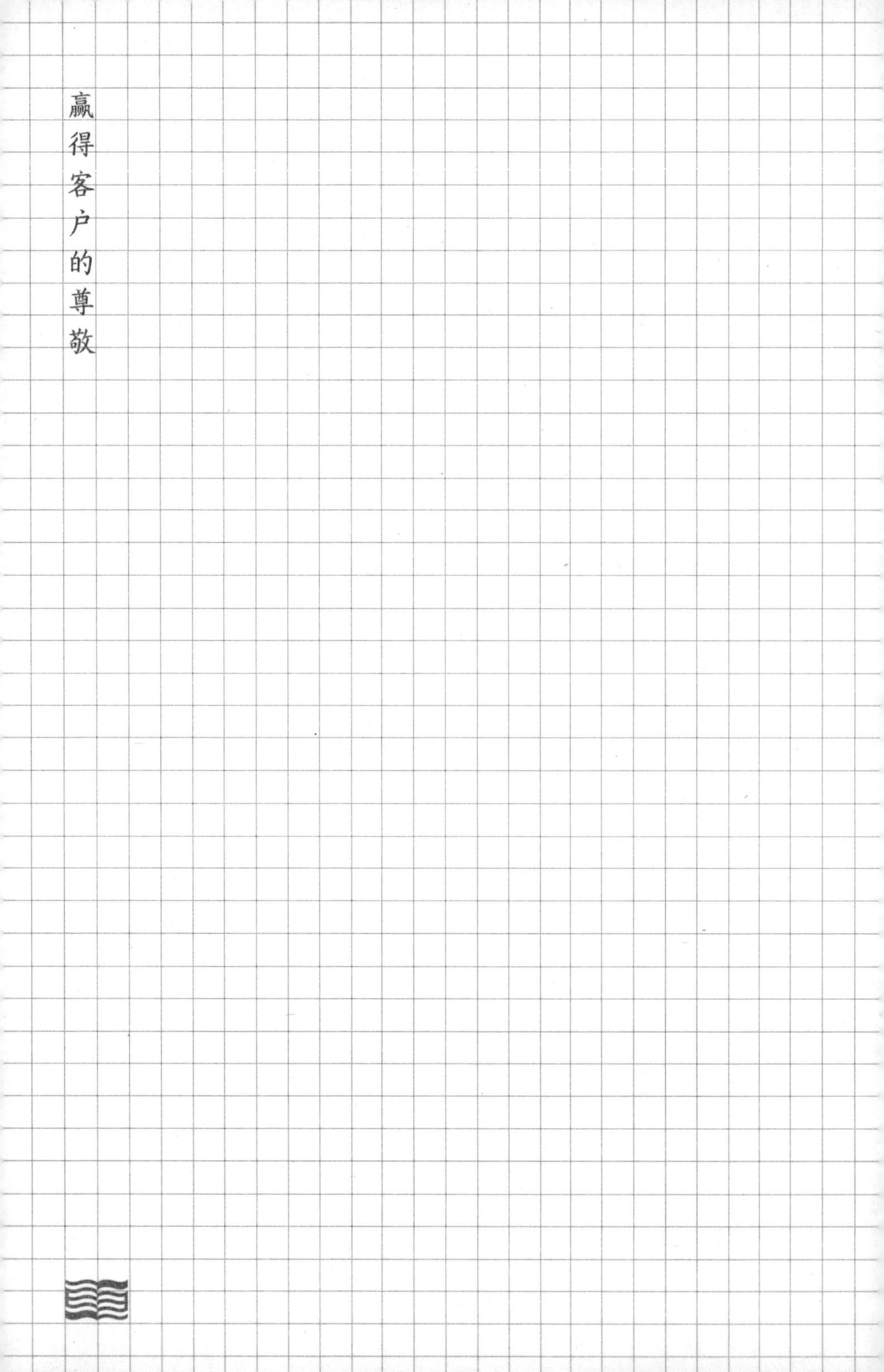

赢得客户的尊敬

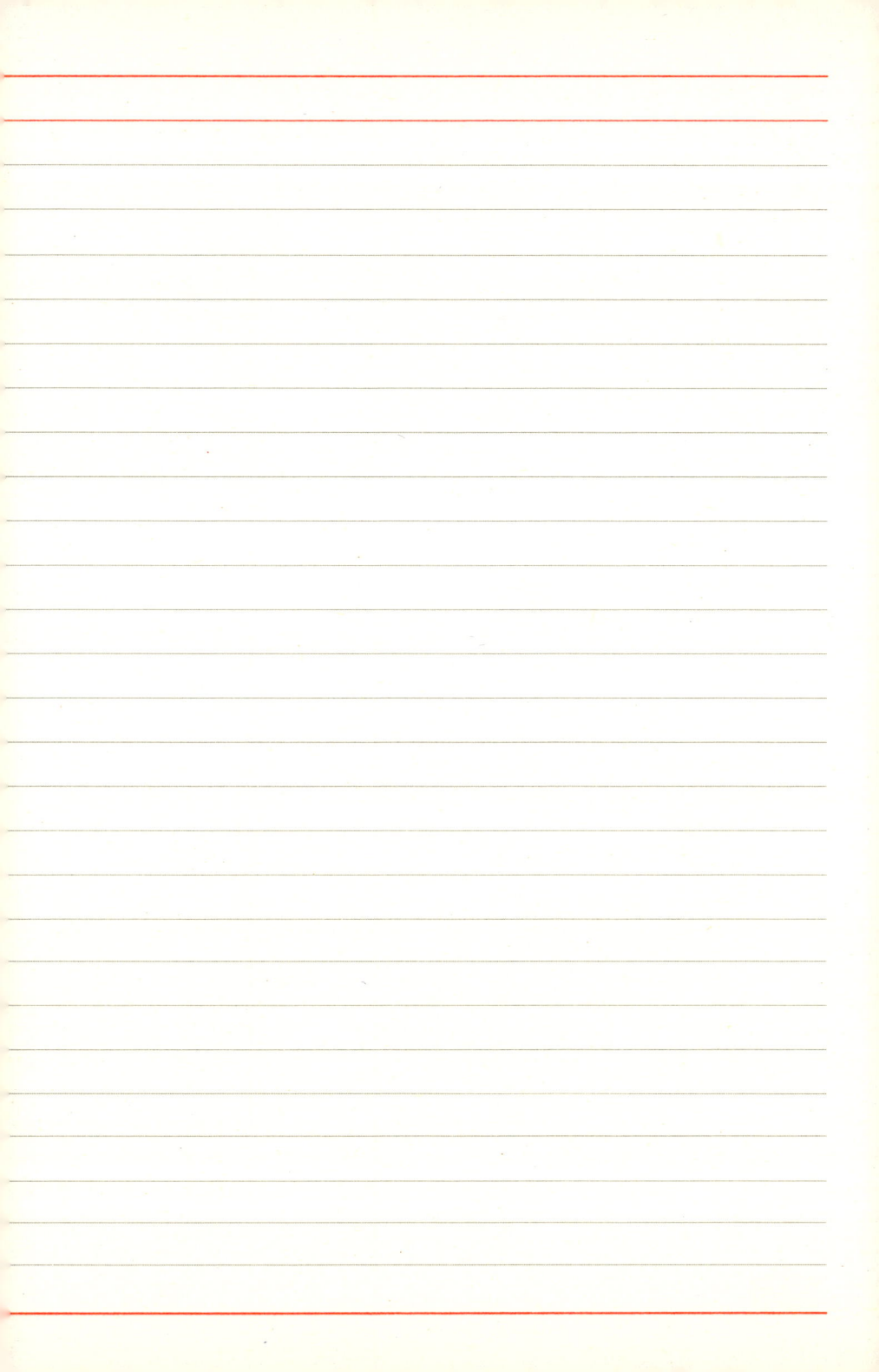

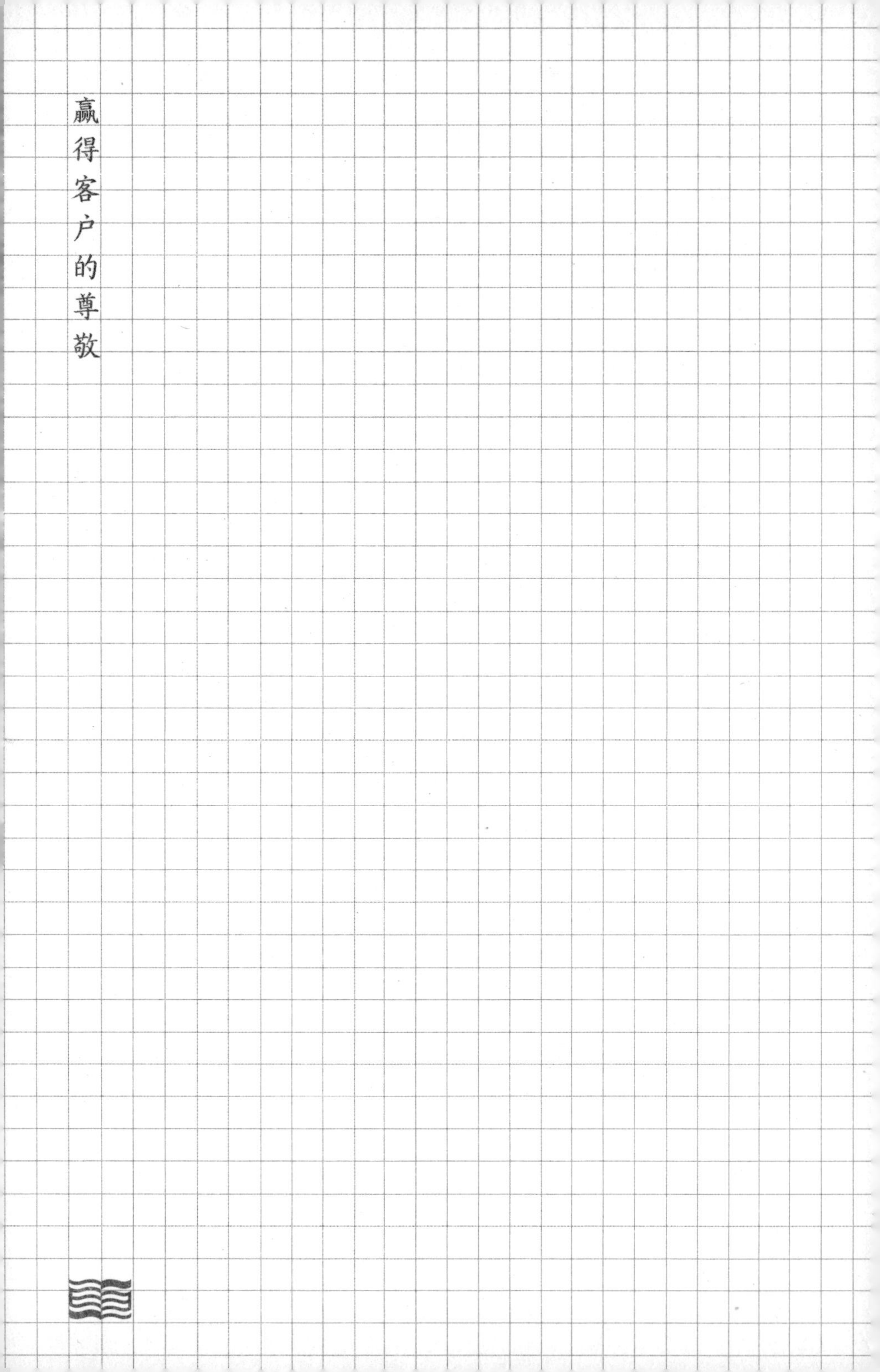

赢得客户的尊敬

on Tue Wed Thu Fri Sat Sun

n Feb Mar Apr May Jun Jul Aug Sep Oct Nov Dec

02 03 04 05 06 07 08 09 10 11 12 13 14 15 16 17 18 19 20 21 22 23 24 25 26

28 29 30 31

倾注灵魂加以阐述

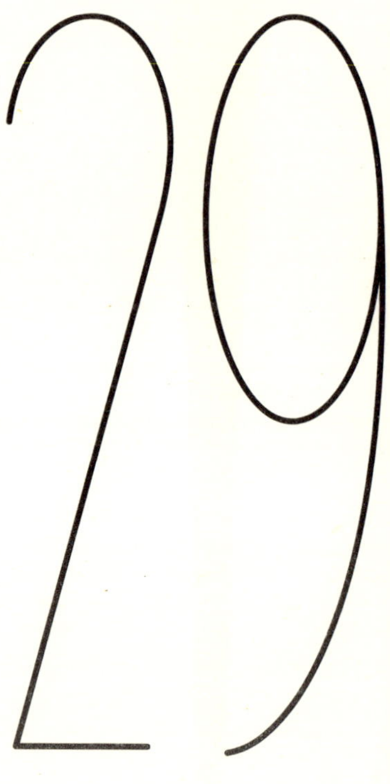

Communicate Sincerely and Earnestly

即便巧舌如簧，倘若不发自内心，听者也很难接受你的想法。结结巴巴也没关系，关键要用发自灵魂的言语阐述。要全心全意地诉说，努力到说完后筋疲力尽的程度。这样才能让说出的话带有强烈的能量，从而打动听者的心灵。

魂を込めて語りかける

倾注灵魂加以阐述

倾注灵魂加以阐述

间表
HEDULE

结
JMMARY

倾注灵魂加以阐述

倾注灵魂加以阐述

on Tue Wed Thu Fri Sat Sun

n Feb Mar Apr May Jun Jul Aug Sep Oct Nov Dec

02 03 04 05 06 07 08 09 10 11 12 13 14 15 16 17 18 19 20 21 22 23 24 25 26

28 29 30 31

善念带来好的结果

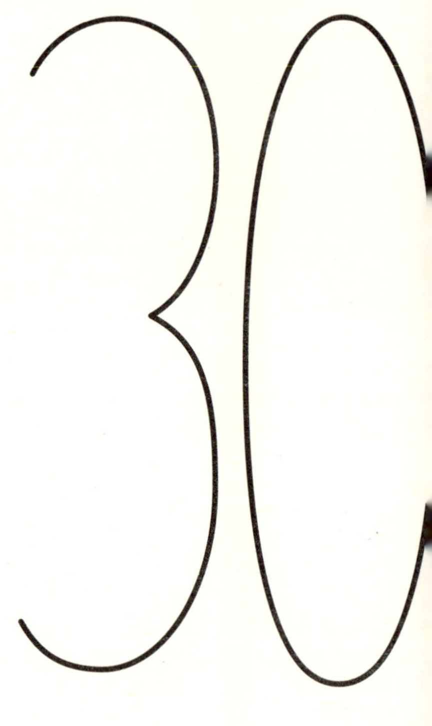

Right Thoughts Bring Right Results

人有命数。但如能坚持善念，便能超越命数，度过美好人生。要认真、开朗、正直、谦虚，努力。要态度积极，富有建设性、正能量和协调性。要充满善意、处事善良、体恤他人。若能以这样的善念待人处事，则工作和人生必能顺利。

善き思いはよき結果をもたらす

善念带来好的结果

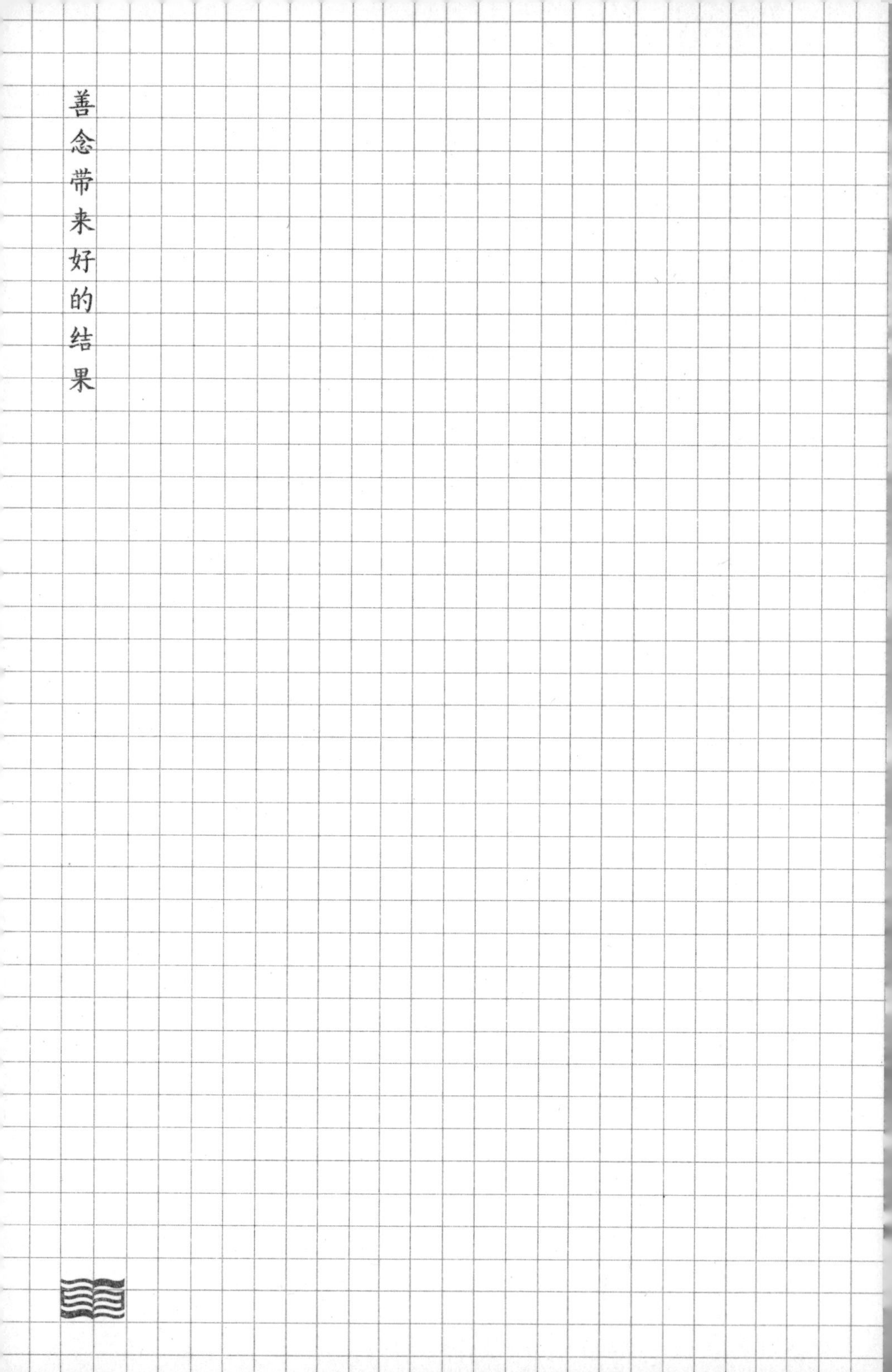

善念带来好的结果

间表
:HEDULE

结
JMMARY

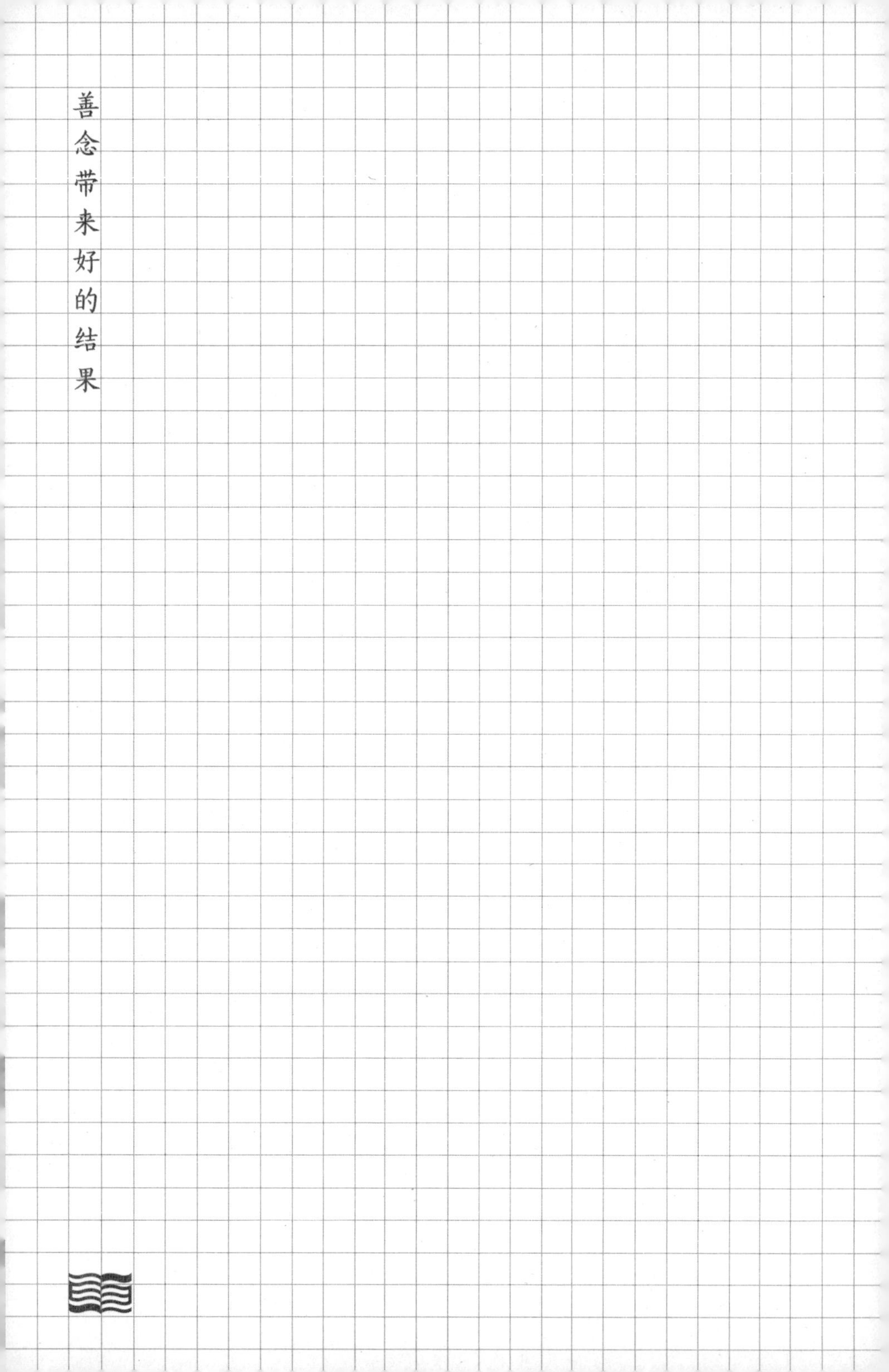
善念带来好的结果

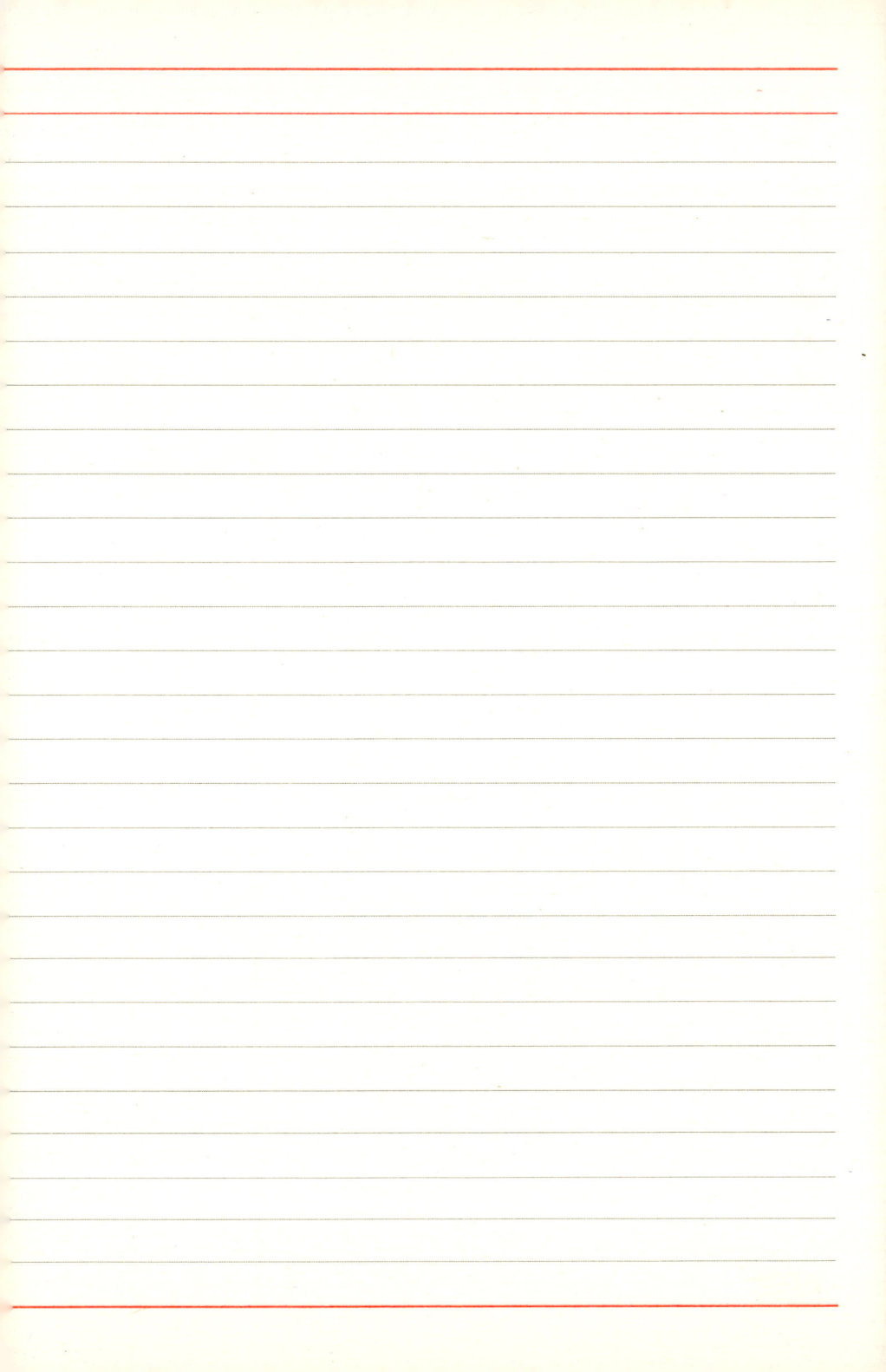

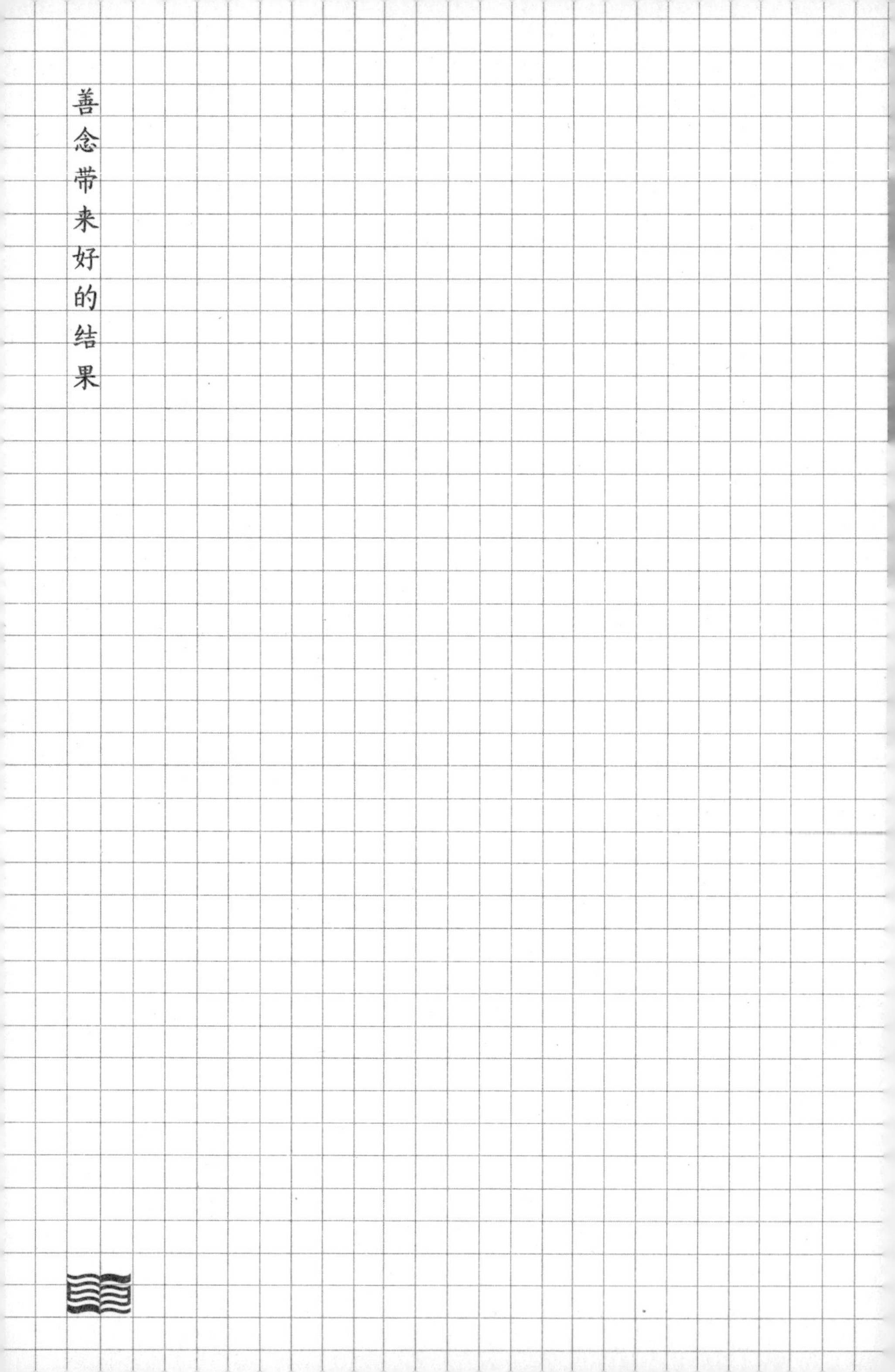

善念带来好的结果

Mon Tue Wed Thu Fri Sat Sun

Jan Feb Mar Apr May Jun Jul Aug Sep Oct Nov Dec

01 02 03 04 05 06 07 08 09 10 11 12 13 14 15 16 17 18 19 20 21 22 23 24 25 26

27 28 29 30 31

与『宇宙的意志』相协调

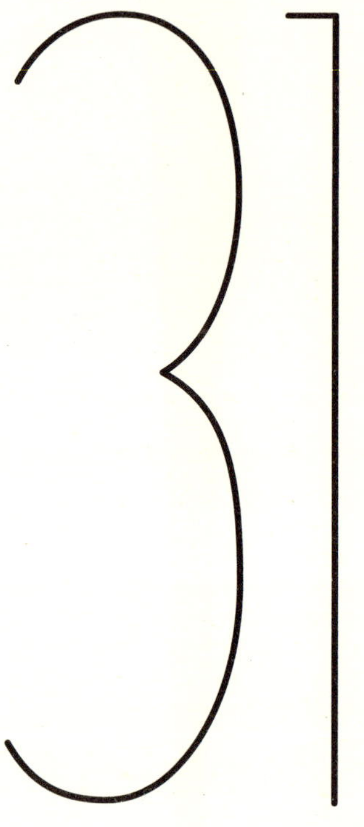

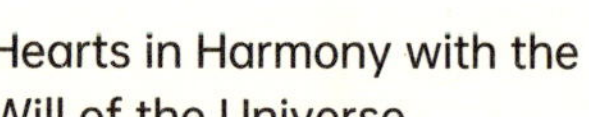

Hearts in Harmony with the Will of the Universe

宇宙充满一种善的“气场”，它使万物朝着好的方向进化发展。这可谓“宇宙的意志”。如能怀有希望万事万物“越来越好”的利他和博爱之心，则等于拥有了与这个宇宙的意志相协调的心灵。有了这样的心灵，不管是人生还是经营，自然能顺利迈向成功和繁荣。

宇宙の意志と調和する

与『宇宙的意志』相协调

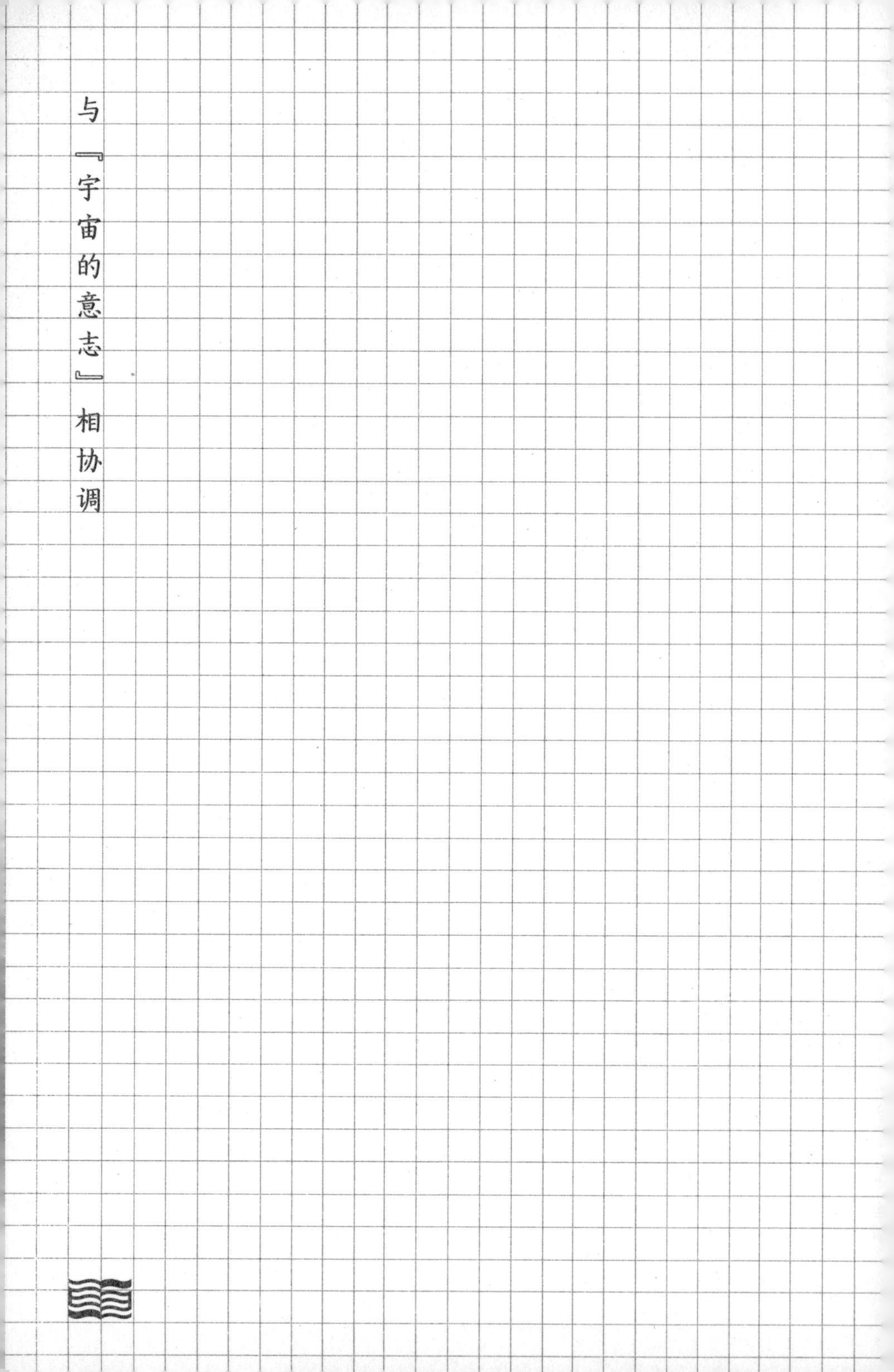
与『宇宙的意志』相协调

间表
CHEDULE

结
JMMARY

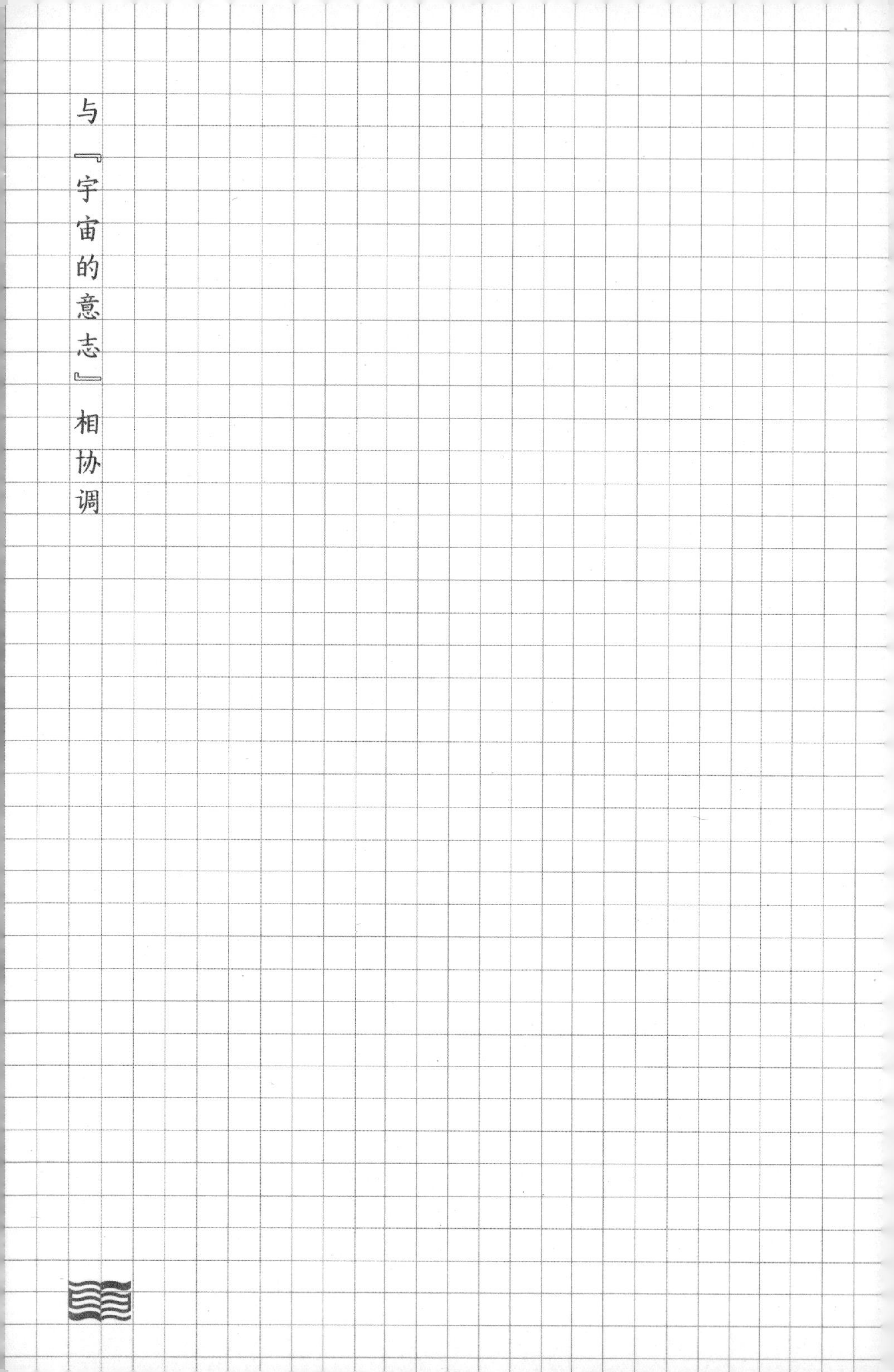

与『宇宙的意志』相协调

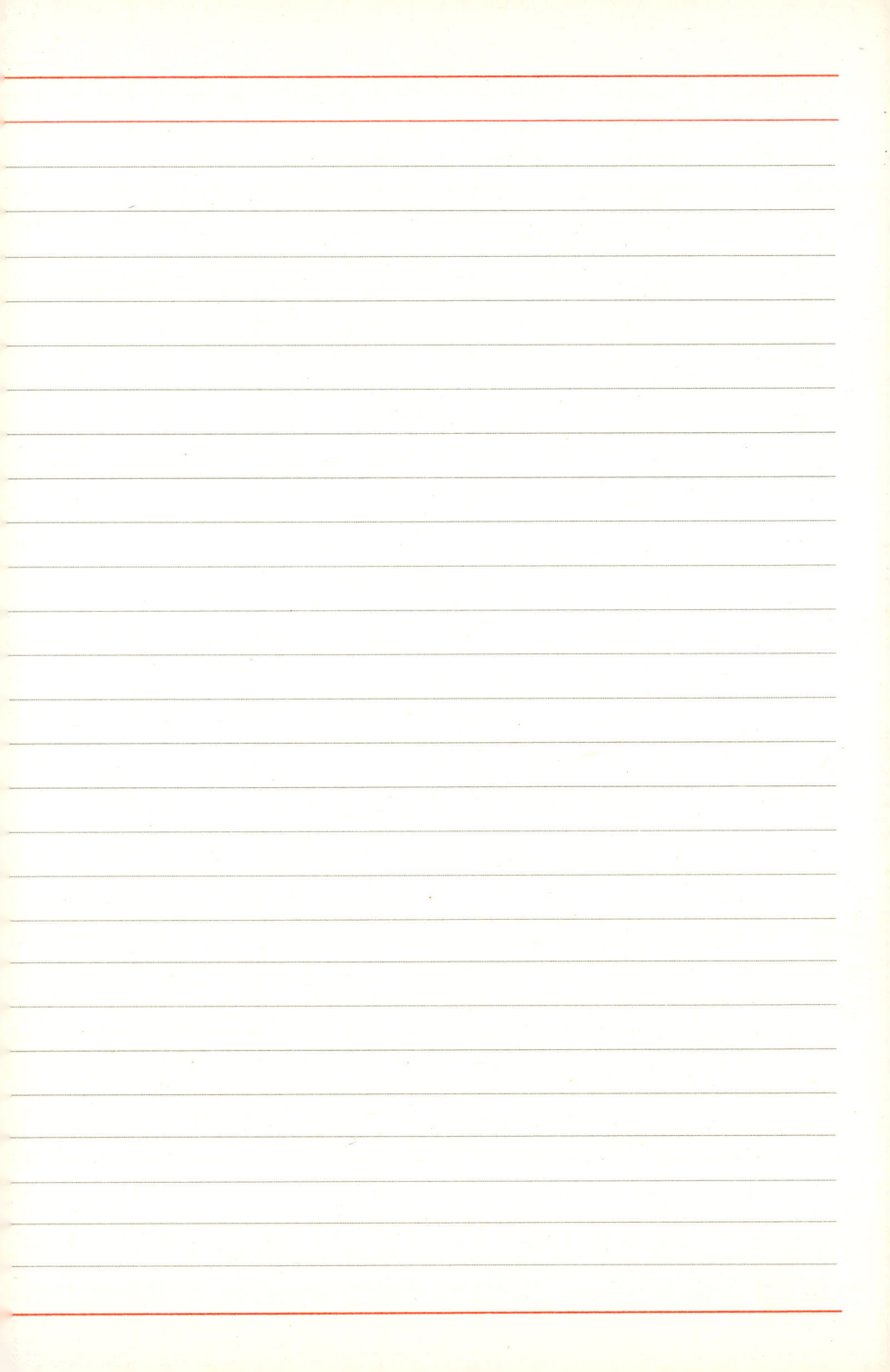

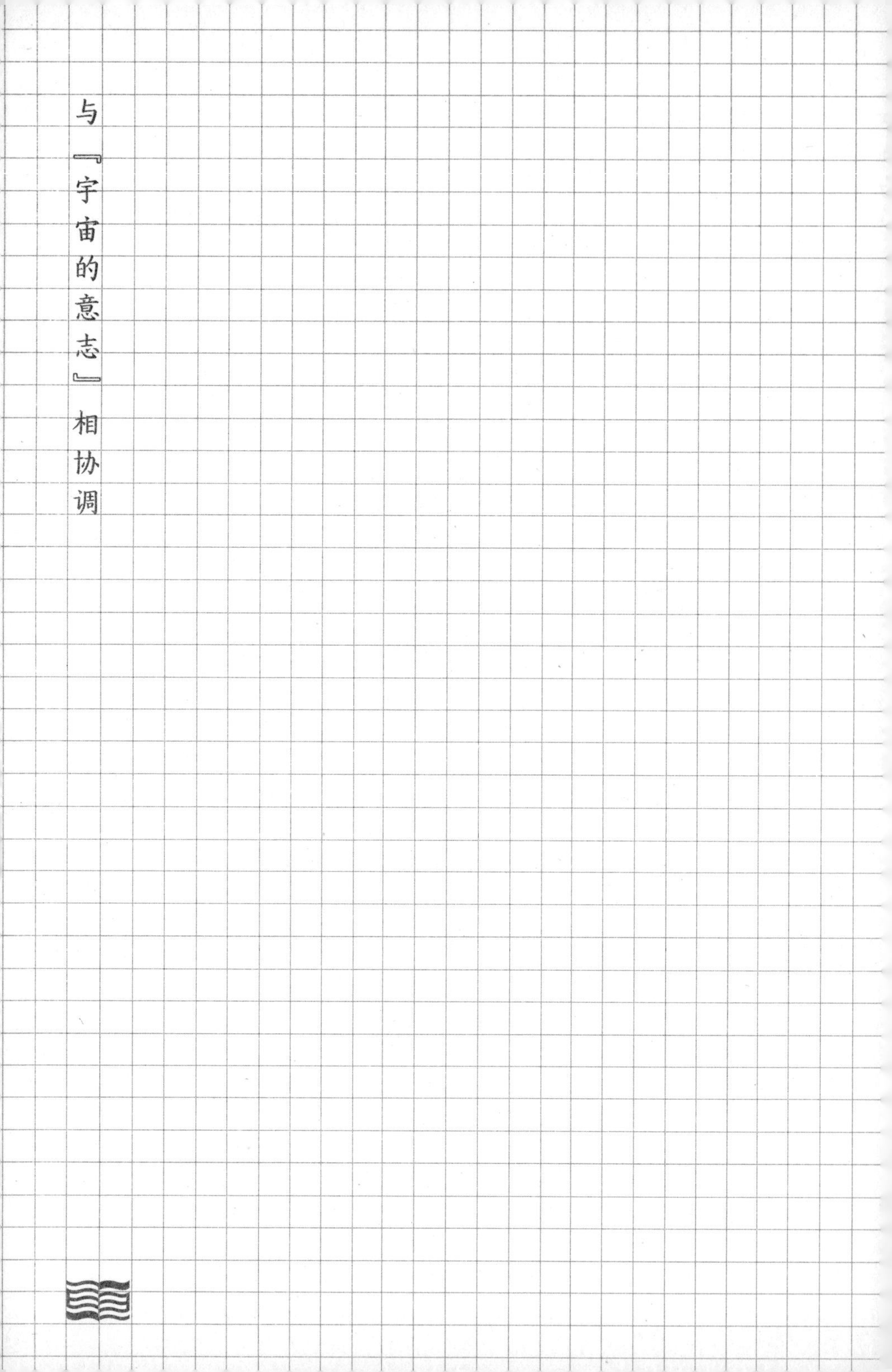

与『宇宙的意志』相协调

on Tue Wed Thu Fri Sat Sun

n Feb Mar Apr May Jun Jul Aug Sep Oct Nov Dec

02 03 04 05 06 07 08 09 10 11 12 13 14 15 16 17 18 19 20 21 22 23 24 25 26

28 29 30 31

稻盛和夫

稻盛和夫 1932 年出生于日本鹿儿岛。毕业于鹿儿岛大学工学部。1959 年创办京都陶瓷株式会社（现在的京瓷公司）。1984 年创办第二电电株式会社（现名 KDDI，是仅次于日本 NTT 的第二大通信公司）。这两家企业都进入过世界 500 强。2010 年出任株式会社日本航空会长，仅仅一年就让破产重建的日航大幅度扭亏为盈，并创造了日航历史上最高的利润。这个利润也是当年全世界航空企业中的最高利润。现任京瓷名誉会长、KDDI 最高顾问、日航名誉顾问。1983 年创办盛和塾，向企业家塾生义务传授经营哲学。1984 年创立"稻盛财团"，同年设立了一个像诺贝尔奖一样的国际奖项——"京都奖"。代表著作有：《活法》《京瓷哲学：人生与经营的原点》等。

图书在版编目（CIP）数据

稻盛和夫：人生指针　经营之心 /（日）稻盛和夫 著；周征文 译 . — 北京：东方出版社，2021.9
ISBN 978-7-5207-2383-1

Ⅰ.①稻… Ⅱ.①稻… ②周… Ⅲ.①稻盛和夫 (Kazuo, Inamori 1932-) —人生哲学 Ⅳ.① K833.135.38 ② B821

中国版本图书馆 CIP 数据核字（2021）第 179668 号

稻盛和夫：人生指针　经营之心
（DAOSHENGHEFU :RENSHENG ZHIZHEN JINGYING ZHI XIN）

作　　者：[日] 稻盛和夫
译　　者：周征文
责任编辑：贺　方
版式设计：程子萱　李　晴
出　　版：东方出版社
发　　行：人民东方出版传媒有限公司
地　　址：北京市西城区北三环中路 6 号
邮　　编：100120
印　　刷：北京文昌阁彩色印刷有限责任公司
版　　次：2021 年 9 月第 1 版
印　　次：2021 年 9 月第 1 次印刷
印　　数：1—6000 册
开　　本：880 毫米 ×1230 毫米　1/32
印　　张：7.875
字　　数：34 千字
书　　号：ISBN 978-7-5207-2383-1
定　　价：68.00 元
发行电话：（010）85924663　85924644　85924641

我所思考的“活法”，也就是我的人生观，立足于做人最基本的伦理观和道德观。我一生着力彻底地贯彻这样的伦理观和道德观。

——稻盛和夫《活法》

官方微信平台

上架建议 励志

ISBN 978-7-5207-2383-1

定价：68.00元